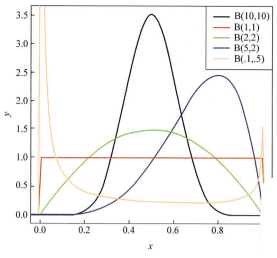

图 6.1　Beta 概率分布示例

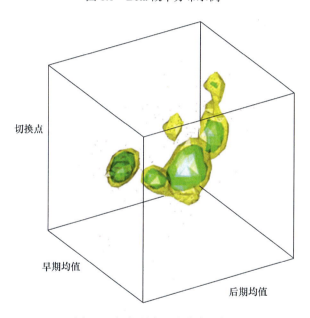

图 6.5　复杂联合后验分布示例

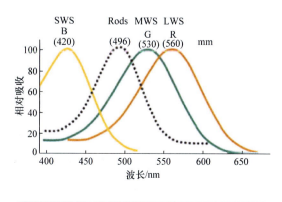

图 9.1　人眼对颜色的反应

注：该图来自 www.sciencedirect.com/topics/page/Cone_cell。

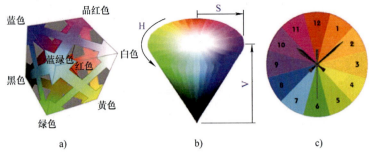

图 9.2 色彩空间模型

图 9.3 艺术调色板
注：该图片来自色彩之家。

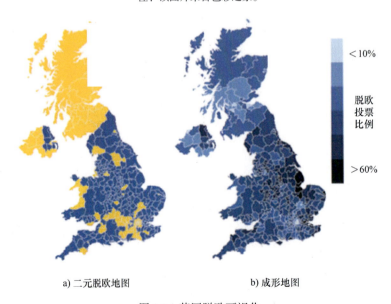

a) 二元脱欧地图　　　　　　b) 成形地图

图 9.9 英国脱欧可视化

注：该图片来自弗雷泽·纳尔逊，blogs.spectator.co.uk/2016/06/sturgeonsopportunity-isnt-brexitmeltdown-pro-remainunionists/。

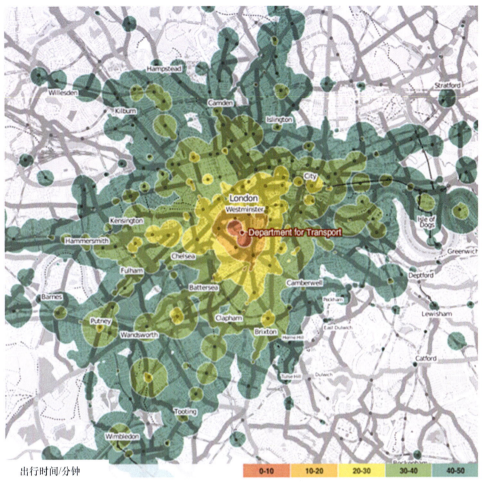

出行时间/分钟

图 9.10　上午 9 点前到达伦敦交通部的公共交通出行时间

注：该图片来自伦敦交通部门。

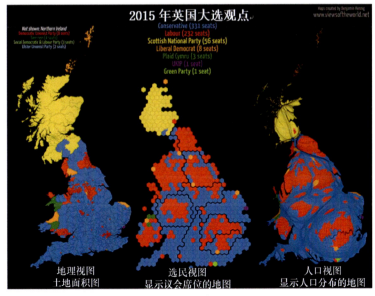

图 9.11　选举地图

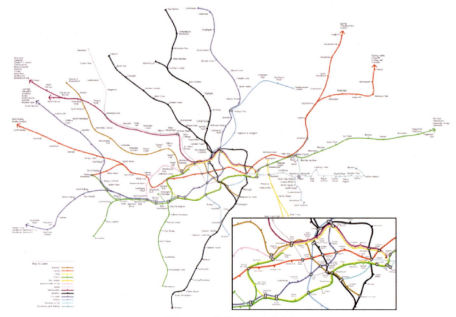

图 9.12 伦敦地铁实物图

图 9.13 程式化的伦敦地铁地图

国外高校优秀教材系列·交通类

交通数据科学
编程实践指南
Data Science for Transport
A Self–Study Guide with Computer Exercises

［英］查尔斯·福克斯（Charles Fox） 编著

马晓磊　张钊　译

机械工业出版社

交通信息是交通决策的关键,如果我们采用合理的技术,交通信息就可以帮助我们节约大量成本,并提高工作效率。更重要的是,研发适当的技术还可以使我们理解并掌握所有的信息流。本书为处理大量交通相关的多种形式数据提供基础,并且在各种数据集组合在一起时提供更多的见解和合作的可能。如果我们要实现"大数据""物联网""智慧城市"等交通领域当前的重要目标,那么这些便是新兴数据科学领域的基础。

本书可作为相关专业本科生和研究生学习智能交通系统数据分析的教材,也适用于从事智能交通行业的研发人员阅读使用。

First published in English under the title
Data Science for Transport: A Self - Study Guide with Computer Exercises
by Charles Fox, edition: 1
Copyright © SPRINGER International Publishing AG, 2018

This edition has been translated and published under licence from Springer Nature Switzerland AG.

北京市版权局著作权合同登记　图字:01-2020-4409号。

图书在版编目(CIP)数据

交通数据科学:编程实践指南/(英)查尔斯·福克斯(Charles Fox)编著;马晓磊,张钊译. —北京:机械工业出版社,2022.3
书名原文:Data Science for Transport: A Self - Study Guide with Computer Exercises
国外高校优秀教材系列. 交通类
ISBN 978-7-111-70230-6

Ⅰ. ①交… Ⅱ. ①查… ②马… ③张… Ⅲ. ①交通信息系统-数据处理-高等学校-教材 Ⅳ. ①U495

中国版本图书馆CIP数据核字(2022)第031819号

机械工业出版社(北京市百万庄大街22号　邮政编码100037)
策划编辑:李　军　　　责任编辑:李　军　王　婕
责任校对:史静怡　刘雅娜　封面设计:马精明
责任印制:单爱军
北京虎彩文化传播有限公司印刷
2022年6月第1版第1次印刷
184mm×260mm·10.5印张·2插页·257千字
标准书号:ISBN 978-7-111-70230-6
定价:99.00元

电话服务　　　　　　　　　　网络服务
客服电话:010-88361066　　机　工　官　网:www.cmpbook.com
　　　　　010-88379833　　机　工　官　博:weibo.com/cmp1952
　　　　　010-68326294　　金　书　网:www.golden-book.com
封底无防伪标均为盗版　　　　机工教育服务网:www.cmpedu.com

作者简介

查尔斯·福克斯，利兹大学交通运输研究所车辆与道路自动化专业的大学学者。他主要使用贝叶斯方法研究自主越野、公路和路边感知、控制和数据分析系统。他最近的项目包括 IBEX2 越野自动农用车辆，该项目在《泰晤士报》和探索频道（Discovery Channel）上都有报道；与宝马公司合作的自动驾驶汽车行人检测分析；与沃尔沃公司合作，利用 UDRIVE 数据挖掘手动驾驶大数据，以识别危险驾驶的原因；以及与 Mouchel 公司和英国公路局合作进行自动车牌识别分析。福克斯博士在剑桥大学获得了计算机科学硕士学位，在爱丁堡大学获得了信息学硕士学位，并在牛津大学的机器人研究小组获得了模式分析和机器学习的哲学博士学位。他曾在谢菲尔德大学（University of Sheffield）担任机器人学和数据驱动语音识别的研究人员，曾为英国广播公司（BBC）、英国国家医疗服务体系（NHS）和英国政府通信总部（GCHQ）等用户服务，还曾是伦敦对冲基金 Algometrics 有限公司的高频数据驱动交易员。他发表了 50 篇会议和期刊论文，被引用 800 余次，h 指数为 15。他是 Ibex Automation 有限公司的董事，该公司为对冲基金和风险投资客户提供咨询服务，并且在数据科学和机器人技术领域提供咨询和研发工作。

译者简介

马晓磊，国家万人计划青年拔尖人才，交通运输部城市轨道交通综合应急技术与装备研发中心副主任。2013 年于美国华盛顿大学获得博士学位，现任北京航空航天大学交通科学与工程学院教授，博士生导师。主要研究领域包括公共交通运营规划及交通大数据分析，主持国家级、省部级项目 20 余项。目前已在交通领域重点期刊以及会议上发表论文 100 余篇，其中 60 余篇被 SCI/SSCI 收录，SCI 他引 3000 余次；获北京市自然科学二等奖、中国地理信息科技进步特等奖、中国商业科技进步一等奖等省部级奖励 7 项；担任 IEEE Transactions on ITS、IET ITS、Transportation Research Part C/D 等 7 个权威 SCI/SSCI 期刊副主编及编委，世界交通运输大会交叉学部数据与信息学科主席等学术组织成员；入选中国科协青年人才托举工程、北京市优秀青年、北京市科技新星等人才计划；担任中国致公党中央青年工作委员会委员、第十三届全国青联委员、第六届中国青年科技工作者协会理事。

张钊，北京航空航天大学副教授，西南交通大学博士，清华大学博士后，美国路易斯安那州立大学访问教授，获北京航空航天大学"蓝天新秀""青年拔尖"基金资助，长期专注于交通韧性、交通数据科学、车路协同交通控制相关研究。在交通学科主流权威期刊 Transportation Research Part B/C/D、IEEE Transactions on Intelligent Transportations、中国公路学报及 Transportation Research Board 等主流国际会议发表论文 30 余篇。先后主持中国博士后基金面上项目、国家自然科学基金面上项目、国家重点研发专项计划政府间国际科技创新合作专项课题，参与国家自然科学基金联合基金、国家重点研发专项计划多项，担任世界交通运输大会道路交通安全与应急管理技术委员会、时空交通行为与交通大数据委员会委员。在交通运输系统韧性、应急交通建模、交通数据科学等领域形成了系列有创新性的研究成果。

本译著得到国家重点研发计划项目"弹性交通系统信息物理建模与评估理论方法研究"（2021YFB1600100）资助。

如需本书代码资源，请添加封底"机工汽车编辑"客服微信号，免费获取！

我们从来没有过如此迫切的需求来了解交通网络正在发生着什么，无论是在高速公路、公共交通、火车还是其他可持续交通方面。道路使用者需要了解关于他们所使用的道路及服务的更多信息，并且希望能够在移动的环境中实时地获取这些信息。这给当地交通主管部门带来巨大挑战，因为这些管理机构通常不会最先应用前沿的科学技术，而且这合乎情理，因为他们需要确保纳税人的钱被正确使用而不被浪费。

英国德比郡议会已经确定多种形式交通数据的重要性，其所能带来的机遇和优势，以及为做出更有效的决策和为"更智能"的未来做准备提供基础的建议。一个关键的活动领域是公路资产管理，其中实时的信息为公路资产的有效管理提供了证据，这是郡议会运作的最高价值资产。一个示例是使用近乎实时的信息来评估交通状况，同时思考我们如何与道路使用者共享这些信息，从而更主动地管理交通网络，这反过来可能为我们的高速公路网提供更大的容量。能够达到这一目标的一个关键方面是对我们所掌握的数据有一个基本的了解，包括其优势、局限性以及我们如何最有效地处理、操纵和传达这些信息。

信息是我们所有活动的关键，如果我们采用合理的技术，并且在技术上做适当的投资，那么信息就可以在节约大量成本的同时提高效率。更重要的是，研发适当的技术还可以使我们理解并掌握所有的信息流。本书为处理多种形式的大量数据提供基础支持，并且在各种数据集组合在一起时提供更多的见解和合作的机会。如果我们要实现"大数据""物联网""智慧城市"等交通领域当前的重要目标，那么这些便是新兴数据科学领域的基本技能。

Neill Bennett
英国德比郡议会
交通数据与分析高级项目主任

前言

本书适用于希望在工作中应用数据科学技能的交通运输专业人士,以及在读或者将要攻读交通运输专业的研究生或者本科生,以培养他们在该行业中工作的技能。本书是以同名教学模块为基础的,该教学模块构成了利兹大学交通运输研究所运输数学建模硕士课程的核心部分,该课程培养了许多世界领先的交通运输专业人员。实时的教学模块是在许多领先的交通运输咨询公司的帮助下设计的,以应对他们在该地区实际技能的短缺。它以高度互动、分散的方式面向小群体学生授课,并围绕一个单一的团队项目,应用所有的工具为每年的英国德比郡议会提供真实的系统组件。本书的每一章均根据这些项目的各个方面,介绍了理论及其在独立的配套软件上运行的上机实践。

该配套软件提供了预先安装的交通数据科学堆栈,包括数据库、空间数据、机器学习、贝叶斯和大数据工具。由于本书包含了 Python 语言的基本概述,因此学习本书之前不需要掌握任何编程知识。本书既不是完整的编程指南,也不是所描述工具的技术手册。相反,它不仅易于学习,并提供了充分的便利使读者有信心从在线软件参考手册中查找详细信息,或者加入互联网社区(如 stackoverflow.com)以查找自己需要的详细信息。本书还旨在为不希望自己编程,但可能需要管理程序员或与程序员合作的交通运输管理人员提供该领域的概述。为此,通常在每一章的末尾将计算机示例分成一个单独的部分,非程序员可以忽略这些示例。

本书大致遵循典型的交通数据科学咨询业务的结构。数据科学咨询是一个快速兴起的领域,但最近已发展为稳定且合理的标准高级流程。首先,数据科学家会找到正确的问题,包括围绕这些问题考虑道德问题。通常,客户并不能确切知道他们需要或想要的东西,或者技术上可能实现的东西。在这个阶段,数据科学家必须能够理解业务案例的需求,并向客户传达可能的情况。这包括了能确切代表该领域的专业责任感,而不受目前很多"流行报告"炒作的影响。下一步,必须获得合适的数据,这可能是客户的现有数据,也可能是从外部得到的数据,或者是某些情况下在新委托的研究中收集的数据。通常,收集数据是出于其他目的,需要做一些工作以使其可用于新的目的。有时,它将采用诸如一系列旨在供人类阅读而非自动阅读的网页格式。同样,关于隐私和数据所有权的道德问题以及将来自不同来源、格式和系统的数据链接在一起的技术也很重要。通常,这将涉及"剔除"数据,以解决单个数据源的问题,如数据丢失或不正确等,并确保来自不同来源的数据之间的兼容性。

本书将涉及的一些话题如下:

- 通过与其他类型建模和预测的比较，得出以数据为中心的分析在交通运输问题上的相关性和局限性。
- 对于交通科学中数据的二次使用和二次处理。
- 经典数据库设计中的本体论问题。
- 统计和机器学习分析。
- 用于交通运输的空间数据和地理信息系统（GIS）。
- 交通运输地图的制作和可视化。
- "大数据"计算。
- 非经典的"NoSQL"数据库本体。
- 交通大数据的专业和工程伦理问题。

对于那些想了解编程细节的人，书中介绍了一些计算工具：
- Postgres：用于设计和创建关系数据库来容纳"原始"数据。
- SQL：用于查询此类数据并为运输建模提供适当的数据。
- Python：提供基本的编程技巧以及与数据科学工具的接口。
- PostGIS 和 GeoPandas：用于传输数据的 SQL 和 Python 的空间数据扩展。
- scikit.learn、GPy 和 PyMC3：机器学习库。
- Hadoop 和 Spark：大数据系统。

媒体经常使用"大数据"一词作为数据科学的同义词。这两个术语都缺乏公认的正式定义，但我们认为它们在以下方面是不同的。

与"科学"截然不同的"数据科学"强调将现有数据用于新目的。具体而言，常规的"科学"基于因果推论，其中某些数据被科学家认为具有某些价值。这使因果推论成为结论：因果关系被放入系统中，因此可以从系统中读出。相反，数据科学通常利用被动观察到的数据，这不会导致发生相同形式的因果推理。

本书中的"大数据"是指需要使用并行计算进行处理的数据。超过此阈值所需的实际数字大小（例如，以字节为单位）取决于当前计算硬件的功能和价格、数据的性质以及所需的处理类型而变化。例如，在单台计算机上搜索交通运输数据集中的最短路径的可能是可行的，但是使用相同的数据来计算一组城市周围的最佳路线则是一项艰巨的计算任务，可能需要并行处理，因此这被认为是"大数据"任务。

在"大数据"出现之前，传统的数据库非常注重通过本体，或者与客户协商创建正式的（"利落的"）描述来进行严格的设计，以指定数据所代表的内容。一些"大数据"拥护者认为，情况已不再如此，新的数据时代是基于"杂乱的"表示形式，可以由不同的用户出于不同的目的重新解释。尽管本书涵盖了两个方面的辩证，但还是认为古典本体论思想仍然有很多优点。它们可能会被大数据的出现"解构"，但也可能会被大数据"重构"或重建。尤其是，这本书涵盖了经典的 SQL 数据库语言以及作者最近在"大数据"工具之上进行重新构建的一些尝试。并认为即使在"散乱的"环境中，经典本体仍然是相关的，因为单个分析师在对数据的单独解释中仍必须使用与经典数据库管理员在整个数据库中使用的相同概念。

与通常和公共场合相关的机器学习和可视化工作相比，现实世界数据科学中一些至关重要的主题并不那么吸引人。数据剔除、数据库设计和软件测试必然构成相关工作的很大一部分。本书并没有回避它们，而是详细讨论了它们的重要性。在可能的情况下，本书尝试通过将它们与计算机科学（Chomsky 语言和数据剔除）、哲学（本体论）和历史（现代日历的日期格式）的相关思想联系起来，使这些潜在的枯燥乏味的主题更加生动。这些连接中的部分有些微不足道，但旨在增加人们对这些领域的兴趣并帮助他们记忆。

学习数学细节的读者应熟悉大学一年级的应用数学，如矢量、矩阵、特征向量、数值参数优化、微积分、微分方程、高斯分布、贝叶斯规则、协方差矩阵。所有这些都包含在数学方法书籍中，例如：

- Riley, Hobson and Bence. *Mathematical Methods for Physics and Engineering*（3rd edition）: *A Comprehensive Guide.* Cambridge University Press 2006.

如果您正在学习交通数据科学以开始自己的职业，请尝试在 www.cwjobs.co.uk 和其他工作网站上搜索"数据科学家"的工作说明和薪资水平，以了解当前需要什么样的类型的人才。一个有趣的实践是应用您新学到的交通数据科学技能来自动处理此类作业数据；例如，您可以尝试从网页上抓取薪资水平、技术和位置等信息并且绘制地图来显示某些技能需求的最高方面。然后，将它们链接到房地产经纪人的类似数据并传输，以可视化薪资水平、房价和通勤时间之间的关系，从而找到最佳的工作和位置。

我们鼓励那些喜欢自学本书的读者随后参加利兹大学现场课程，你们将会结识许多志同道合的同学，一起从事真实的项目，并为交通运输职业生涯建立一个强大的个人网络。

非常感谢英国德比郡议会的 Neill Bennett 和 Dean Findlay 在内容和应用程序想法上的帮助以及开放数据的前瞻性政策，这些政策允许本书中的许多示例得以实现。感谢来自利兹大学智能交通系的 Richard Connors 提供有关内容、结构和样式。感谢 Oscar Giles 和 Fanta Camara 进行检查和测试；感谢我的学生 Lawrence Duncan、Aseem Awad、Vasiliki Agathangelou 和 Ryuhei Kondo 以及助教 Panagiotis Spyridakos 提供的反馈；感谢 Greg Marsden、Richard Batley 和 Natasha Merat 为本书的写作提供了产生灵感的环境；感谢利兹大学的 Robin Lovelace 和 Ian Philips，以及联合国全球脉冲团队的 John Quinn 对 GIS 的观点；感谢利兹大学法学院的 Subhajit Basu 提供的道德和法律的观点。感谢 Canonical 的 Darren Hoyland 在开放栈上的帮助；感谢亚马逊的 Mark Taylor 提供有关云服务的帮助；感谢牛津大学的 Steve Roberts 指导我机器学习；感谢 Algometrics 的 Stephen NP Smith 在将大数据变得"流行"之前就指导了我；感谢 Vantage Investment Advisory 的 Andrew Veglio 教我"农业化"的 SQL 风格；感谢 Sheffield 的 Thomas Hain 的 SGE；感谢 Telematics Technology 的 Peter Billington 为 M25 项目服务；感谢 Richard Holton 向我展示了从雅典到底比斯的道路；感谢 Sheffield 的 Jim Stone 在教学法方面提供了清晰的帮助；感谢 Ibex Automation 的 Adam Binch 用深度学习进行的测试；致 Jenny，如果您正在阅读本书，我希望是我在阅读完您的图书之后。

查尔斯·福克斯

读者推荐

"交通运输建模实践是在一个数据匮乏的世界中开发的,而我们目前的许多技术和技能都基于这种稀缺性。在一个新的数据丰富的世界中,所需的工具是不同的,围绕数据和隐私的伦理问题肯定也不同。我不确定目前的专业人员是否具备这些技能,也不相信我们当前的交通建模工具会在数据丰富的环境中存在。对于交通领域的数据科学家来说,这是一个振奋人心的时刻。我们正在努力把握大数据源提供的机遇;但与此同时,这些数据技能需要与对交通和交通建模的理解相融合。具有这些综合技能的人员可以为交通运输决策提供更好、更快、更便宜的数据,并最终为未来的创新、高效、数据驱动的建模技术做出贡献。本课程、本书由交通运输研究所撰写并不奇怪。要做好这一点,您需要兼顾学术严谨和脚踏实地。很少有教育或研究机构能够比利兹大学智能交通系更好地做到这一点。"

—Tom van Vuren,Mott MacDonald 部门主管

"WSP 很荣幸能够成为交通运输建模、规划和经济学领域的思想领袖,并为具有这些领域技能的人们提供广泛的机会。我们为有效实施战略和计划而提供的证据基础和预测是越来越多侧重于数据和技术,这是自 20 世纪 70 年代以来我们推动形成的趋势,但近年来出现一些挑战和机遇。由于这些趋势,并且为了适当地培养下一代交通运输建模人员的技能,我们要求世界领先的交通运输研究所提高这些领域的能力,他们已经通过新的硕士培养计划做出了回应,您现在也可以通过这本书进行学习。"

—Leighton Cardwell,WSP 技术总监

"从处理和分析大型数据集到自动化建模任务(有时需要不同的软件包相互'交涉'),再到数据可视化,SYSTRA 运用了一系列技术和工具为我们的客户提供更深刻的见解和有效的解决方案。这本书在为您提供管理、查询和分析数据库以及开发强大的演示文稿方面做了出色工作,也是来自利兹大学智能交通系的另一本重要图书。"

—Fitsum Teklu,SYSTRA Ltd. 副董事(建模与评估)

"几十年来,城市规划一直依靠与主流数据科学无关的统计和计算实践。即使信息几乎不包含任何有效证明,但它仍然经常被用作影响新基础设施的依据。这本书非常受欢迎,其主要原因是为年轻的专业人员提供了分析城市和交通网络实际运作所需的技能。这本书与以后想要建立数字解决方案以根据新兴数据源优化城市出行的任何人都息息相关。"

—Yaron Hollander,*Transport Modelling for a Complete Beginner* 的作者

目录

作者简介
译者简介
序
前言
读者推荐

第 1 章　"数据科学"与"大数据" 1
- 1.1 交通数据科学示例 1
  - 1.1.1 伦敦轨道高速公路的起点 – 终点分析 1
  - 1.1.2 航空公司定价与套利 3
  - 1.1.3 凹坑检测 4
  - 1.1.4 Foursquare 4
  - 1.1.5 自动驾驶汽车 4
  - 1.1.6 出租车服务 5
- 1.2 综述 5
- 1.3 定义 6
- 1.4 与其他领域的关系 7
- 1.5 道德和法律 9
- 1.6 批评观点 9
- 1.7 练习：itsleeds 虚拟桌面设置 10
- 1.8 延伸阅读 12
- 1.9 附录：本地安装 13

第 2 章　基于交通数据科学的 Python 入门 14
- 2.1 编程技能测试 14
- 2.2 编程语言 16
- 2.3 编程环境 16
- 2.4 语言核心 17
  - 2.4.1 列表 18
  - 2.4.2 字典 18
  - 2.4.3 控制结构 19
  - 2.4.4 文件 19
  - 2.4.5 函数 20
- 2.5 库 20
  - 2.5.1 模块 20
  - 2.5.2 数学公式 21
  - 2.5.3 绘图 21
  - 2.5.4 数据框 22
  - 2.5.5 调试 23
- 2.6 延伸阅读 23

第 3 章　数据库设计 25
- 3.1 关系模型基础 25
- 3.2 描绘世界 26
  - 3.2.1 本体论 27
  - 3.2.2 哲学本体论 27

		3.2.3 数据本体论 ………………… 30
		3.2.4 SQL ……………………………… 33
3.3	练习 ……………………………………… 33
	3.3.1 设置 PostgreSQL …………… 33
	3.3.2 SQL 创建语言 ……………… 33
	3.3.3 SQL 查询语言 ……………… 34
	3.3.4 SQL 和 Python 的连接 …… 36
	3.3.5 导入车载蓝牙数据 ………… 37
3.4	延伸阅读 …………………………… 37

第 4 章 数据准备 ………………… 39

4.1	数据获取 …………………………… 39
4.2	基本文本处理 ……………………… 40
4.3	格式语法：乔姆斯基层次结构 …… 40
	4.3.1 正则语言（类型 3）………… 41
	4.3.2 上下文无关语言（类型 2）… 42
	4.3.3 CFG 以外的类型（类型 1 和类型 0）………………………… 43
4.4	特殊类型 …………………………… 43
	4.4.1 字符串和数值 ……………… 43
	4.4.2 日期和时间 ………………… 44
	4.4.3 美国国家海洋电子协会（NMEA）格式 ………………… 45
4.5	通用格式 …………………………… 46
4.6	数据清洗 …………………………… 47
4.7	B + 树的实现 ……………………… 47
4.8	练习 ………………………………… 48
	4.8.1 用 Pandas 读取数据库 …… 48
	4.8.2 printf 表示法 ………………… 48
	4.8.3 DateTimes …………………… 49
	4.8.4 时间的偏差与校正 ………… 49
	4.8.5 数据匹配 …………………… 50
	4.8.6 车载蓝牙 …………………… 50
4.9	延伸阅读 …………………………… 51

第 5 章 空间数据 ………………… 52

5.1	大地测量学 ………………………… 52
5.2	全球导航卫星系统（GNSS）……… 53
5.3	地理信息系统（GIS）……………… 55
	5.3.1 GIS 的作用 …………………… 55
	5.3.2 空间本体论 ………………… 56

		5.3.3 空间数据结构 ……………… 57
5.4	实施 ………………………………… 58
	5.4.1 空间文件 …………………… 58
	5.4.2 空间数据源 ………………… 59
	5.4.3 空间数据库 ………………… 59
	5.4.4 空间数据框 ………………… 59
5.5	练习 ………………………………… 59
	5.5.1 GPS 投影 …………………… 59
	5.5.2 PostGIS ……………………… 60
	5.5.3 GeoPandas ………………… 61
	5.5.4 QGIS 路线图 ………………… 62
	5.5.5 绘制开放式街道地图（OSM）道路 … 62
	5.5.6 获取 OSM 数据 ……………… 63
	5.5.7 蓝牙车辆传感器站点 ……… 64
5.6	延伸阅读 …………………………… 65

第 6 章 贝叶斯推断 ……………… 68

6.1	贝叶斯推断与"统计" ……………… 68
6.2	高速公路行程时间 ………………… 69
6.3	贝叶斯推断 ………………………… 70
	6.3.1 贝叶斯定理 ………………… 70
	6.3.2 法律判定：车辆撞人事故 … 71
	6.3.3 先验和后验 ………………… 72
	6.3.4 道路用户跟踪 ……………… 72
6.4	贝叶斯网络 ………………………… 73
	6.4.1 红绿灯贝叶斯网络 ………… 73
	6.4.2 交通事故贝叶斯网络 ……… 74
	6.4.3 事故报告 …………………… 75
	6.4.4 汽车保险 …………………… 76
6.5	先验和偏见 ………………………… 77
6.6	因果关系 …………………………… 77
6.7	模型的比较与组合 ………………… 80
6.8	练习 ………………………………… 81
	6.8.1 用 PyMC3 推断交通信号灯 … 81
	6.8.2 用 PyMC3 推断事故道路状态变化 … 81
	6.8.3 切换泊松动态 ……………… 82
6.9	延伸阅读 …………………………… 82

第 7 章 机器学习 ………………… 83

7.1	产生性与区分性汽车排放 ………… 83

7.2 简单分类 ……………………… 85
　7.2.1 线性判别分析（LDA） ……… 85
　7.2.2 最邻近分析 ………………… 85
　7.2.3 模块匹配 …………………… 85
　7.2.4 朴素贝叶斯分类 …………… 86
　7.2.5 决策树 ……………………… 86
7.3 神经网络和"深度学习" ……… 87
7.4 局限与拓展 …………………… 90
7.5 练习 …………………………… 92
7.6 延伸阅读 ……………………… 94

第8章　空间分析 …………………… 95
8.1 空间数据 ……………………… 96
8.2 贝叶斯空间模型 ……………… 97
　8.2.1 马尔可夫随机场（MRF） …… 97
　8.2.2 高斯过程（克里金法） ……… 99
8.3 车辆路线 ……………………… 100
8.4 空间特征 ……………………… 101
8.5 探索性分析 …………………… 101
8.6 问题扩展 ……………………… 103
8.7 练习 …………………………… 104
　8.7.1 GPy 中的高斯过程 ………… 104
　8.7.2 高斯过程车辆密度 ………… 106
　8.7.3 使用 PostGIS 的车辆路线选择 … 106
　8.7.4 查找路边传感器站点 ……… 107
8.8 延伸阅读 ……………………… 107

第9章　数据可视化 ………………… 108
9.1 视觉感知 ……………………… 108
　9.1.1 颜色 ………………………… 108
　9.1.2 视觉注意 …………………… 110
9.2 地理可视化（地图） …………… 113
　9.2.1 交通流图 …………………… 116
　9.2.2 滑图 ………………………… 117
　9.2.3 信息图 ……………………… 117
9.3 练习 …………………………… 120
　9.3.1 带有 Leaflet 的网络地图 …… 120
　9.3.2 蓝牙起止点路线流 ………… 122
　9.3.3 大型项目建议 ……………… 123
9.4 延伸阅读 ……………………… 124

第10章　大数据 …………………… 125
10.1 中型数据加速 ………………… 126
10.2 企业数据拓展 ………………… 127
10.3 CAP 定理 …………………… 129
10.4 大数据扩展 …………………… 130
　10.4.1 数据"湖" ………………… 130
　10.4.2 网格计算 …………………… 130
　10.4.3 Map – Reduce 和云计算 …… 132
　10.4.4 Hadoop 生态系统 ………… 133
　10.4.5 非关系数据库（NoSQL） … 133
　10.4.6 分布式关系数据库（NewSQL） … 135
10.5 练习 ………………………… 135
　10.5.1 PrologAI 汽车保险查询 …… 135
　10.5.2 车载蓝牙数据的 Mapper – Reduce … 136
　10.5.3 设置 Hadoop 和 Spark …… 137
　10.5.4 在 Hadoop 中查找车辆匹配项 … 138
　10.5.5 用 Spark 预测交通流 ……… 139
　10.5.6 大型项目建议 ……………… 141
10.6 延伸阅读 …………………… 142

第11章　专业问题 ………………… 143
11.1 道德、伦理和法律 …………… 143
11.2 伦理问题 …………………… 144
　11.2.1 隐私 ……………………… 144
　11.2.2 去匿名化（Doxing） ……… 145
　11.2.3 预测分析 ………………… 146
　11.2.4 社会和个人的平衡 ……… 146
　11.2.5 货币化 …………………… 147
　11.2.6 本体偏差 ………………… 148
　11.2.7 p 值操纵 ………………… 149
　11.2.8 代码质量 ………………… 150
　11.2.9 代理冲突 ………………… 151
　11.2.10 服务器管辖权 …………… 151
　11.2.11 安全服务 ………………… 152
11.3 英国法律框架 ……………… 152
　11.3.1 1988 年《数据保护法》 …… 152
　11.3.2 通用数据保护法规（GPDR） … 153
11.4 数据科学家的角色 ………… 154
11.5 练习 ………………………… 155
11.6 延伸阅读 …………………… 155

第 1 章

"数据科学"与"大数据"

交通数据的数量、多样性和可用性正在迅速增加,因此在管理和查询数据和数据库方面需要新的技能。近年来,"数据科学""大数据"和"智慧城市"席卷了整个交通领域。交通运输专业人员和研究人员现在需要能够使用数据和数据库来确立定量的、经验性的事实,并验证和挑战他们的数学模型,其公理通常是假设的,而不是严格的测试数据。2012 年,《哈佛商业评论》将数据科学描述为"21 世纪最性感的工作",2011 年,麦肯锡咨询公司预测数据科学将提供 150 万个新工作岗位。虽然这个术语从 1996 年就开始使用,但直到 2008 年左右才开始作为硅谷的通用职位出现,现在已成为流行语。类似地,"大数据"一词在世界各地的媒体中普遍存在,大多数记者都将其用作"数据科学"的代名词,尽管大多数学术研究人员并不这么认为。这些发展如此迅速的新学科是什么呢?仅仅是重新包装相关领域(如统计和计算机科学)中的旧工作职位的炒作又有多少?

在试图定义这些术语之前,本章作为介绍性章节将考虑一些交通领域应用的例子,这些应用最近已经成为可能。然后,综合数据科学支持者和反对者提出的意见,并给出一些定义。最后介绍如何在读者的计算机上安装完整的交通数据科学软件堆栈。

1.1 交通数据科学示例

1.1.1 伦敦轨道高速公路的起点–终点分析

在 2010 年发表的论文(Fox 等)中,我们重新利用了几个月来伦敦附近 M25 高速公路的现有自动车牌识别(ANPR)和感应线圈数据,以估算驾驶员实际路线的起点和终点。ANPR 会检测每辆车牌上的数字和字母,而感应线圈是内置在道路上的压力传感器,用于计算在其上行驶的车辆的数量(流量)。该系统提供了一个图形工具,如图 1.1 所示,公路局⊖的交通规划人员在网络页面中的道路网中任意指定两点之间不同时段的起点和终点,便可以看到一天中的出行次数估计值,如图 1.2 所示。这使他们能够做出规划决策,例如,哪里是安装智能管理系统、增加新容量或鼓励使用其他公共交通工具的最好地点。特别是,我们发现 M25 上的许多人的出行距离都很短,仅由干道和两个高速公路交叉路口组成,这表明可以提供新的公共或私人交通方式,直接连接其始发地和目的地城镇,以将这些交通从高

⊖ 现在英国高速公路。

速公路上分流,将高速公路时空资源释放出来以进行更长的出行。

面向用户的工具隐藏了用于获取估计值的各种机器学习和统计推断。该 ANPR 数据在源头"散列",即车牌内的原始字符被摄像头内较短的数字字符串所替代,这使得无法识别单个驾驶员,并且只能从其中进行批量分析。M25 上的摄像头并未覆盖所有车道,通常成对安装(出于先前的目的),大多数情况下,它们仅覆盖三个车道中任意两个的随机集合。

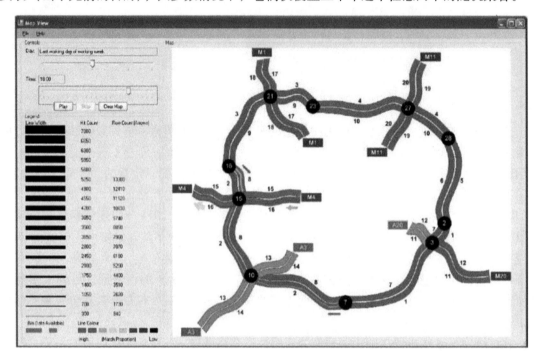

图 1.1　数据驱动的 OD 系统的图形用户界面(GUI)

用户通过单击伦敦 M25 高速公路周围的位置来选择起点和终点,并接收沿该 OD 的流量随时间变化的估计值。

图 1.2 显示了在原始目的地检测到的随时间变化的匹配牌照数量;以及经过各种机器学

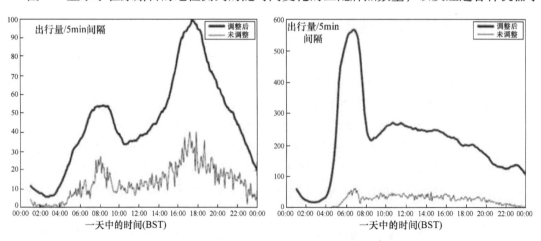

图 1.2　从 M25 OD 分析工具输出的两条路线

习和贝叶斯统计操作以调整缺失和噪声数据后，给出此类出行的真实数量的最佳估计。

总之，这两个问题意味着重构特定的出行并非易事。最初无法通过唯一的车牌来识别车辆或将其与驾驶员联系起来，许多车辆在没有摄像头覆盖的车道上行驶时似乎会突然出现或消失。但是，通过融合数据，系统可以在很大程度上弥补这些信息。通过将 M25 上一个月内的 ANPR 检测数据与相应的测量各个位置所有车道上的车辆总数的感应环路流量融合在一起，我们可以估算摄像头跟踪丢失的车辆比例，并相应地调整每个起点至目的地路线使用情况的估计（图1.3）。为了校准此过程的各个部分，有必要超越纯粹的数据科学，并添加一个小的手工收集的小型数据集，如"常规科学"中所述。这是通过在一些位置安装具有已知参数的新试验摄像头来完成的。

图1.3 中的符号"（1、2）→2"表示起点三车道高速公路在车道1和2中具有摄像头，而目的地是仅在车道2中具有摄像头的三车道高速公路的设置。

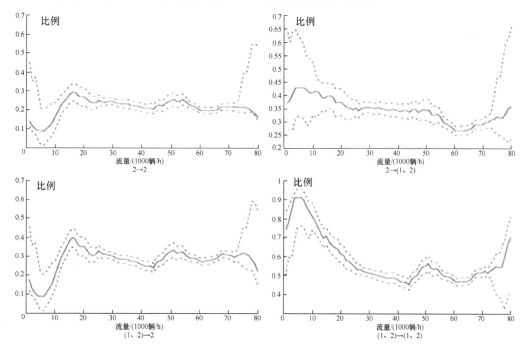

图 1.3　调整中使用的部分摄像头覆盖率的经验检测比率，作为通过感应线圈测量的总流量的函数，以及车道覆盖类型的函数

通过从这些摄像头检测地面真实的 ANPR 代码，可以从散列的摄像头中轻松地在网络的其余部分跟踪检测到的车辆，并对于各种环境计算由于缺少摄像头而引起的检测损失的估计。除此之外，这还意味着我们可以从应该是匿名的数据中跟踪 M25 周围可识别个人的大部分出行！这说明了一个重要的观点：在这种情况下，通过与其他来源数据和实验数据融合，甚至可以"破解"所谓的匿名数据以重新获得驾驶员身份。

1.1.2　航空公司定价与套利

什么时候是在线预订航班的最佳时间？航空公司早已使用动态定价来适应供求关系。特别是，飞机上的最后几个座位可能很便宜，因为飞机无论如何都要起飞并且需要填补座位；

但是在飞机满载后再预订一趟行程，则需要重新安排一架更大的飞机，或计划另一次飞行。根据一些报道，预订机票的最佳时间是航班起飞前 137 天。有些人和公司靠套票的时间价值来赚钱，通过买卖它们来平衡需求。数据科学家将绘制随时间变化的需求图，并尝试提出其中的因素，如商务/休闲旅行、人口统计和客户财富。因为客户已经习惯了动态定价，所以根据其财富对客户应用差异定价可能很容易。诸如社交网络和搜索引擎之类的数据公司已经收集了数十年有关个体用户的个人信息，可用于调查他们详细的心理和财务状况。他们可以将这些数据出售给数据聚合公司，后者再将其出售给出价最高的投标人，例如航空公司。航空公司可以检查您的个人资料，并根据您的心理和经济状况判断您准备为航班支付多少费用。如果他们从您的社交媒体资料中得知您是高薪的交通专业人员，并且正在预订一个航班，以便在已知的交通研究会议的地点开展您的工作，那么他们可以推断出这是一次重要且时间紧迫的出行，可以对您的机票给出一个很高的定价。这就是数据公司在提供看似"免费"的在线服务但同时赚钱的方式。从历史上看（并反映了许多其他金融领域），我们看到这些想法首先是通过专门的套利公司出现的，这些公司专门通过自动买卖票来赚钱。后来，供应商注意到了这种情况，并应用了自己的预测系统，试图从套利公司那里收回利润。供应商可能会向用户提供套利者没有的选择权，即具有在线更新实际容量，并能够因此变动价格的能力。

1.1.3 凹坑检测

从历史上看，定位损坏的路面是一个耗时的过程，需要地方部门派出调查车辆和观察员来记录坑洼和其他损坏的位置。其他部门依赖当地民众的报告情况，但这会导致一种失真，即民众活动最频繁的地区比那些公民活动较少的地区修整道路的次数更多。使用廉价的传感器和通信设备对道路网络进行全面调查成为可能，在某些情况下几乎是免费的。在波士顿，研究人员使用了一款提供给民众的手机应用程序，以记录来自手机惯性测量单元（IMU）的加速度数据，并将其发送给地方部门。当行驶过坑洼时，可以检测到垂直加速度并将其分类为需要维修的坑洼。在其他情况下，地方部门拥有的车辆（为了其他目的而在其区域内行驶）已经重新安装了激光雷达（光成像探测和测距）激光扫描仪，可以建立路面的三维地图，并进行类似的分类和记录。

1.1.4 Foursquare

Foursquare 是一款手机应用程序，用户可以在餐馆和酒吧等城市地区"签到"，评论和推荐它们，并定位用户的朋友。这种类型的城市空间数据对交通规划很有价值，因为它允许规划者了解一些出行的最终目的地，并观察其模式随时间的变化。随着一个新的区域因为餐馆变得流行，规划者可能会通过提供更多的公共交通，或者改变道路信号灯来应对。在微观层面，可以对个人道路使用者的行为做出预测，例如，经常在周五晚上开车去同一酒吧的人可能会再次去那里，而这些信息会被输入道路信号优化系统中，并帮助他们到达那里。

1.1.5 自动驾驶汽车

当前的自动驾驶汽车非常依赖于数据，特别是依赖于其运行的大区域的高分辨率 2D 和 3D 地图。JUNIOR Urban Challenge 车辆使用了一张地图，其中包含过去用于导航的路缘石和道路上白线的各个位置。从历史上看,无人驾驶汽车的研究推动了许多空间数据库技术的发展,例如,20 世纪 80 年代卡内基梅隆大学(Carnegie Mellon University)关于自动化的最初实验,就催生了本书中使用的"简单特征"空间数据库的前身。

1.1.6 出租车服务

手动和自动驾驶的私人出租汽车都将收集乘客和驾驶员的数据,这些数据可能与其他个人信息相关联。与航空公司一样,出租车公司可以从社交网络上购买个人的财务数据,将其与高峰时段定价相结合,以掩盖其利用差别定价向富人和急需帮助的人收取更高费用的做法。出租车公司也可以将自己关于客户和驾驶员信誉的数据出售给数据集成商,例如保险公司和贷款公司可能对乘客和驾驶员的信誉感兴趣。与航班套利一样,我们开始看到涓滴效应,首先是新的数字套利者(他们可能根本不运营任何车辆),然后是老牌出租车公司,甚至是公共部门地方政府部署需求预测。它们对于诸如德比郡县政府之类的机构特别有用,该机构目前必须将定期的农村公共汽车服务作为一项社会服务来运营。此类服务提供了重要的心理保证,使所有民众都可以在需要时在该地区周围出行,即使许多公共汽车上通常没有乘客。用数据优化的社交出租车服务代替它们,可以节省金钱和减少排放,同时保留甚至改善(提供门到门而不是规划的站点)社交服务。

1.2 综述

这些交通应用程序有什么共同点,使其成为"数据科学"或"大数据"?根据 Mayer - Schonberger 和 Cukier 的重要描述,"大数据"是关于科学方法的三个基本变化:

1)大。在"常规科学"中,收集数据是昂贵的,因为需要设计和进行实验。因此,它使用统计信息来估计获得显著结果所需的数据大小,并使用采样和估计方法来获取它们。相比之下,数据科学现在具有"分析有关某个主题的大量数据,而不必被迫适应较小的数据集的能力"。这样的结果是,不需要进行统计采样和估计,并且可以将具有大量参数的模型拟合到数据中,而无须测试或担心过度拟合。有时可以使用所有数据,而不是其中的任何样本。在过去的十年中,由于多种相互联系的技术原因,出现了以上这种情况。此外,传感器技术的价格下降,可以收集更多的数据。例如,我们现在可以廉价地部署大型交通摄像头网络,而不必雇用人员在交通调查中对汽车进行计数;也可以以几英镑而不是几百或几千英镑的价格购买网络摄像头。如今,传感器中最昂贵的部分通常是保持防水的金属外壳。计算能力的价格下降了,从而可以处理更多数据。这不仅包括对大型数据集的统计分析,还包括首先将传感器数据处理成数据库条目。例如,ANPR 算法已经有数十年的历史了,但是现在可以在网络交通摄像头内部的嵌入式处理器上廉价运行。Raspberry Pi 和 Arduino 是廉价计算板的示例,可以将其内置到传感器盒中,价格低于 100 英镑。数据存储价格下降。现在,大多数计算机所有者都可以使用 TB 级的存储空间,而以前只有大公司才能使用。数据连接性增加了。互联网已经从网页的静态集合转变为交互式空间,各组织可以按惯例定期发布和更新任何人都可以访问的原始数据集。互联网速度提高了,带宽成本下降了,任何人都可以轻松下载大数据集。基于因特网的托管允许家庭用户以几磅的价格远程存储和处理数据("在云中")。

2）混乱。"愿意接受数据在现实世界中的混乱状况，而不是特权正确性"。历史上，统计、数据库设计和人工智能一直致力于处理定义良好且结构合理的"干净"数据。"本体论"是对定义模型中存在的内容的研究，在数据科学中它的作用被削弱。通常，数据科学算法将直接在从某些公共提供商下载的未经处理的原始数据文件上运行，而完全绕过数据库设计和导入的经典体系结构。数据科学会处理所有可用数据，以使样本尽可能大。通常，这将是出于其他目的而收集的数据。由于当今的数据非常廉价，我们可以简单地利用大量的杂乱数据并在噪声中求得平均值，而不必仔细设计和收集干净的数据。例如，我们不用设计手动车辆计数位置的样本，也不使用严格的手册协议对车辆类型进行分类，而是利用城市现有的大型 ANPR 传感器数据网络。每次 ANPR 检测和车辆类型分类（都可以通过机器视觉或车辆登记表查找完成）都是杂乱且大量的，因此不再重要。数据科学倾向于强调数量胜于质量，并且重用任何它可以找到的二手数据。通常，这意味着数据科学家必须在"整理"或将一个或多个数据集"预处理"为可用格式时做更多工作。

3）相关性。"越来越重视相关性，而不是继续寻求难以捉摸的因果关系"。在"古典"科学和统计学中，因果关系和相关性是被仔细区分的。尽管最近已经有了坚实的统计基础，但因果关系依然是一个困难的哲学概念。通常只能在将因果关系放入系统中时，才能从系统推断出来。这发生在受控的科学试验中，试验者迫使一些变量取一个值并记录结果。相反，数据科学是一种被动活动，它仅分析已经存在的数据和非数据科学家引起的数据。因此，数据科学处理相关性而不是因果关系。这意味着要使用"黑匣子"参数模型，而不要使用生成的、理论驱动的模型。数据科学家认为，黑匣子生成的预测通常比理论驱动的模型要好，这才是最重要的。

其他作者使用相关的术语"4V's"来表示"大数据"：即用"速度、多样性、数量和准确性"来描述相似的概念。在此，"速度"强调新数据的实时更新和获得速度，"多样性"是指数据是混乱且缺乏正式结构的，"数量"是指其大小，"准确性"（或缺乏）是指数据中存在噪声，并且无法保证其一致性和真实性。

1.3 定义

在本书中，我们将"数据科学"的概念与"大数据"分开。

数据科学是指被动收集使用和重复使用数据，而不是通过常规"科学"中使用的因果试验。因果推断最近（从 21 世纪初开始）在贝叶斯网络的框架内得到了很好的理解。在第 6 章中将对此进行更详细的讨论，但是我们现在可以知道，与某些早期的统计学家和教育工作者的主张相反，它有可能推断因果关系，而不仅是使用统计来推断相关性，但是（除了少数特殊情况），只有在数据本身首先是由试验者以某种方式得到的情况下，才可能推断出因果关系。例如，要了解使用手机是否会导致车祸，有必要让一些驾驶员使用手机，而另一些驾驶员不使用手机，并观察结果，而不仅仅是观察一组驾驶员的电话使用情况和撞车行为。如果没有这种试验性控制，可能会混淆诸如个性之类的因素，从而导致使用手机和碰撞，从而只能推断出它们的相关性。因此，数据科学被明确定义为无因果关系的科学，并且与常规的"科学"清晰地区分开来。这个概念对应于上面的"相关性"。尽管数据科学家可以收集自己的数据，但他们通常会使用从各种来源（如先前的试验、互联网、公司数据库和政府记录）收集的现有数据。顺便说一句，这种实用性引起了上面的"混乱"，并设置了实用数据科学的数据准备或"整理"活动的特征。

大数据是指无法在单个计算机处理器上进行有效处理的数据，因此需要使用并行计算进行处理。并行计算是计算机科学的传统且广为人知的领域，其根源可追溯到20世纪30年代的"并行图灵机"。但是，"大数据"与"并行计算"不是同义词，其中并行计算更为通用，例如，并行数据可用于执行详细的物理模拟或计算纯数学问题的解决方案，而这两个概念都不涉及任何数据的处理。我们的定义是相对于用户应用程序中的有用性而言的，因此取决于应用程序以及数据的大小。例如，对网络中的道路长度求和可能不是大数据问题，但是找到其中所有城市之间的最短路径（"旅行商问题"）就可能是大数据问题，因为它需要更多的计算能力。（有些作者会认为我们的定义过于笼统，会保留"大数据"用于处理像硅谷巨人这样规模的数据——整个数据中心建筑的数据量为 EB 级。但是，对于这个规模到底需要多大，很难确定有意义的定义。从串行处理到并行处理的转换提供了一个非常清晰和可定义的点。并行计算可能意味着同时使用笔记本计算机的 4 个内核，将 GPU 用作计算引擎，在群集中使用 100 个 GPU 或在数据中心中使用 100000 台商用台式计算机。

1.4 与其他领域的关系

"数据科学""大数据""数据分析"等术语显然通常可以互换使用，有时也与"机器学习""数据挖掘"和"统计"一起使用。这些术语中没有一个被广泛接受的定义——没有标准组织确定谁是"数据科学家"，通常情况下，如果在您的简历中包含他们中的任何一个，都将使您被当前的就业市场考虑。相反，尽管它们具有不同的重点，但它们通常都用作模糊的概念，以标记粗糙的、重叠的、集群的想法和活动。下面列出了这些重点的一些特征。

- 古典统计学。"统计"的概念来自古典（非贝叶斯）统计学。"统计"是一些数据的函数，可用于估计从采样数据中得到的总体不可观察特征的值。古典统计学给出了统计学的定义，然后证明了它们的属性，例如偏差作为估计量的收敛速度。从这些意义上讲，某些统计数据可能被证明是最佳的，或者比其他统计数据更好。其他统计数据可能不会估计任何因果关系或理论上的数据，而仅仅是为了描述数据的某些有趣属性，或描述对估计结果的置信度（如 p 值）而发明的。通过咨询统计学家设计实验来收集新数据。
- 贝叶斯统计。这是一个错误命名的领域，更应该被称为"贝叶斯推断"，因为它一般不处理经典意义上的"统计"。它没有发明用于估计事物的数据函数。相反，贝叶斯从一个或多个生成参数模型开始，假设这些模型已经产生了观测数据。他们没有估计这些模型的参数值，而是通过概率推断，使用贝叶斯规则来倒置生成模型。贝叶斯不使用 p 值或置信区间。相反，他们会问，对于给定数据的生成参数的值，他们的后验信念是什么，理想情况下，这些数据是完全概率分布的。正确地进行贝叶斯统计通常在计算上是"困难的"（在 NP-hard 的意义上），这意味着它在实践中通常不能准确地进行。相反，贝叶斯算法结合使用近似算法和暴力计算能力来得到近似结果。
- 计量经济学。研究用于经济学的特定类型的统计数据，尤其是时间序列建模和预测。
- 运筹学。使用统计信息和数据，强调操作、效用和多方交互。

- 数据库管理（Database Administration，DBA）。作为一个专业职业已经存在了几十年，它可以包括数据库结构的设计，各种来源数据的准备和导入数据库中，计算机系统的日常维护，提供用户对数据的访问以及查询数据问题等。在小型公司中，此工作可能与更一般的信息技术（IT）工作重叠，如系统管理或网站设计。许多商业网站基本上都是产品和销售信息数据库的前端，以及使用户可以下订单的工具。

- 数据库系统。计算机科学包括这项研究以及算法和软件的设计，以实现数据库工具本身。当数据库跨多台计算机运行，同时为许多用户提供服务，并像真正的大数据系统一样在节点和网络上分配计算和存储时，这将变得非常复杂。

- 数据本体论。数据库的初始设计可能是一个巨大的业务和哲学过程，需要对业务过程以及一般的"本体论"问题有详细的概念理解，才能选择存在于世界中的实体以及如何对其建模。哲学本体论者花了几个世纪的时间来讨论存在的东西。数据本体论者必须更快、更混乱，但确实解决了一些相同的问题。这项工作涉及业务咨询技能，可以与业务流程经理一起理解和建模其概念。

- 数据分析师"或"业务分析师"。专注于使用数据库来构想和回答更详细的问题，这些问题可能包含其设计中的某些统计信息，以及用于理解高层管理人员问题并将其转化为数据库和统计问题的业务咨询技巧。在通常情况下，管理者会打电话给分析师问一个模糊的问题，例如"我们可以在哪里投资建设一条新的道路来减少拥堵？"，而分析师将使用数据和统计数据生成一份报告，该报告充满了关于如何做出决定的证据。

- 数据分析"或仅是"分析"。描述了数据分析师执行的工作，尽管重点是技术而不是业务。与为业务经理工作的"数据分析师"相比，"数据分析"团队可能具有更大的自主权来进行自己的探索性研究。例如，交通数据分析团队可能有预算来进行自己的数据收集，并探索其自身关于交通网络上发生的情况的假设，提出新的交通政策，而不仅仅是回答非技术交通管理者提出的问题。

- 数据挖掘"。专门用于指代非生成式黑匣子数据模型的使用，经常用于探索性研究。例如，对于城市中的交通流量数据，我们可能没有什么特别的问题要问，但是我们有可用的数据，并且希望对"正在发生的事情"有所了解，这可能会在以后产生理论和假设。或者，我们可能希望根据数据预测某个位置的流量，而不需要任何生成或因果模型。有时，贬义性术语"数据捕捞（data dredging）"用来强调众所周知的过度拟合和虚假的相关性问题，这些问题可能困扰着数据挖掘。

- "数据可视化"。是一门艺术和科学，以可视化的形式呈现数据探索或更多理论驱动的研究结果。媒体称其为"数据杂志"。这可能与视觉心理学和认知研究以及平面设计和艺术相重叠。

- "机器学习"。最初是指黑匣子数据挖掘算法的学术研究，如证明有关其收敛性的定理。但是，现在更广泛地使用它来表示数据挖掘、模式识别以及生成计算贝叶斯模型的使用。从历史上看，其学术研究包括符号概念学习的非统计方法，尽管现在大多数工作都是统计学的。

- 数据科学家。可能是对以上部分或全部领域感兴趣的人。作为一种文化，数据科学还倾向于强调实践技能而非理论，以及对开源软件的使用和贡献。有一个基于标准工具的开源用户和开发人员活跃的社区，这通常是数据科学家应该知道的。本书将向您介绍更多的相关内容。数据科学家喜欢经常在网络上共享数据、代码、结果和可视化文件，并相信世界可以通过此过程变得更美好（图1.4）。

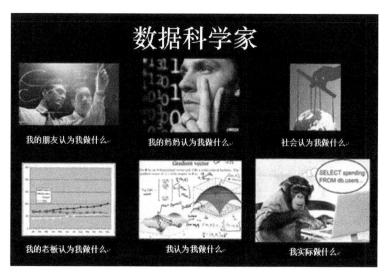

图1.4　网络"迷因"

1.5　道德和法律

大多数人认为，使用上述示例集合中的汇总数据是"可以的"，但是当使用相同的数据对个人进行预测并采取行动时，他们便开始担心了。例如，我们可能会融合来自 ANPR 和超市忠诚度奖励卡的数据，以确定开车去超市的顾客购买更大包的饮料比步行前往的顾客多，并将它们放在单独的停车场和大街入口附近，以帮助这两种类型的客户更有效地找到他们想要的产品。然而，融合相同的数据集也可以找到持有奖励卡并与爱人定期购买尿布和牛奶，而在别的时间和朋友一起购买其他商品的人。然后可以将这些数据以及所有相关人员的姓名和地址出售给出价最高的竞标者，以从他们选择的交易中获利。法律法规的存在是为了规范数据的使用，尽管实际上许多人只是单击"同意"，而不会阅读许多数据收集器的详细法律政策。我们将在最后一章更详细地讨论道德和法律的问题。

1.6　批评观点

数据科学家无疑在交通和更广泛的领域都受到高度追捧并获得了高薪待遇。数据科学是对科学和生活的一种全新的革命性方法，还是仅仅是对旧观念的一种流行或重塑？近年来，数据遭到了强烈抵制，批评来自以下几个方面：

- "经过一天艰苦的数据科学学习后，我喜欢做一些食物烹饪和一些植物园艺"。"真正的科学家"已经指出，所有的科学都使用数据，并且已经使用了许多世纪。欧洲核子研究所和类似的试验已经产生了几十年的"大数据"，物理学家们使用统计和计算方法来分析它。Meta 分析收集了以前多个研究的结果，以融合其他科学家收集的许多数据集的信息。

交通科学家已经委托进行了大规模的研究来收集和分析交通流量、OD 分析和通勤者偏好。每一篇科学论文都涉及检查一些数据，计算和报告一些统计数据。几十年来，交通模型学家、心理学家和经济学家一直在使用 Excel、MATLAB 和 S–Plus 等统计软件包。那么，自我描述的"数据科学家"除了"科学家"之外，还有什么其他解释呢？曾经在 Excel 中计算过电子表格列平均值的孩子现在能称自己为"数据科学家"或"大数据专家"吗？

- "真正的科学家创造他们自己的数据。"在这里，"真正的科学家"确实区分了数据科学和"真正的科学"。这种说法是，数据科学只是科学的一个子集，它只对旧数据起作用，而不具备收集新数据的能力。"真正的科学"是指精心设计和进行实验，通过仔细的设计和取样，产生（通常）微小但有意义的结果。真正的科学比数据科学更难，因为它需要这些额外的技能。数据并不是杂乱无章的，因为它是通过谨慎和技巧收集的。最重要的是，真正的科学可以声称因果关系，因为他是自己收集数据的。数据科学永远不能提供一个"真实"的现实理论，它只显示相关性。这些可能在实践中很有用，比如预测何时在高速公路上实施限速，但不能提供人类驾驶员行为的潜在心理学和经济学的生成性因果模型的智力和洞察力。

- "真正的统计学家"指出，使用大数据往往是不必要的。收集了 1 亿个车牌检测数据，并不意味着会比传统的方法更好地了解起讫点路线，因为传统方法是为了获得统计显著性而精心挑选了更少的样本。除了这一点之外，附加数据不携带任何其他有用的信息。

- "真正的统计学家"还指出，由于抽样效应，使用大数据也可能是危险的，而且是错误的。大数据的一个核心假设是，大数据的数量如此之多，以至于不再需要抽样和估计。如果所有可能的数据都可用（有时写为标语"N = all"），那么这是正确的。但在实践中，尽管"大"数据集"很大"，但对于大多数用途来说，它们仍然是不完整的。例如，对 2016 年美国大选和英国脱欧投票的预测使用了大量的社交媒体数据，假设这些数据非常大，能够代表整个国家的人口。但社交媒体用户与总人口相比，年轻和富有的比例过高，导致样本中存在较大偏差。数据可能很大，但仍然只是一个样本，在这种情况下，仍然需要旧的统计方法。

- "跨越界线"。企业有向客户和投资者推广新技术的原因，这可能与学术研究人员和政府的动机有所不同。有人认为，大公司在该领域投资的巨额资金扭曲了研究领域，支持其朝着更有利可图的方向进行研究（特别是对广告点击率和购物篮相关性的预测），并鼓励使用和滥用个人资料。数据科学公司认为共享和进步的另一面是对个人隐私的普遍漠视，因为他们试图从可用数据中提取尽可能多的信息。同样，政府收集了有关公民的数据（如通勤方式），可能有超出综合统计数据的范围，并且会侵犯个人隐私。

1.7 练习：itsleeds 虚拟桌面设置

本书中使用的所有软件都是开源[⊖]的，并且将一直免费提供，用于您的学习和商业或其他用途。

[⊖] "开源"是指软件的源代码可供任何人检查和修改，以及免费运行。"自由软件"是一个更强大和更具政治性的术语，它不是指价格，而是指"自由"，它还确保修改代码必须对社区作出贡献，而不是出售。详见 www.fsf.org 及 www.catb.org。

itsleeds 是一个标准化的虚拟桌面，伴随着这本书，也被用于对 ITS Leeds 学生的教学。它自动地将本书中提到的所有工具、命令和库安装在几乎所有现代计算机上，以便所有读者都能使用完全相同的计算机设置。要使用它，您必须首先从 docker.com 网站下载 Docker 程序，或者对于一些性能较低的计算机（在编写本书时，这些计算机包括运行 Microsoft Windows 7、8 和 10 Home 的计算机；以及 2010 年前后的 Apple Mac），可以从 docs.docker.com/toolbox/overview 下载安装 Docker Toolbox 程序（有些系统可能需要在安装过程中选择 VirtualBox 安装选项，并在安装之前删除任何以前安装的虚拟机系统）。如果安装有任何问题，请查看本书的网站以获取更新。

itsleeds 的副本已经放置在 Docker 的中央服务器上，其全名是 itsleeds/itsleeds，而 Docker 将自动下载该名称对应的文件。这是一个千兆大小的文件，可能需要一些时间才能下载完成。所需的 Docker 命令是：

docker run -p 6901：6901 itsleeds/itsleeds

对于大多数 Microsoft Windows 设置：在 Docker Quickstart 程序中键入此命令。

对于大多数 Apple Mac 和 Linux 设置：使用终端（OSX 上的应用程序→实用程序→终端）。Linux 和 Mac 用户可能需要在此命令和所有其他 Docker 命令前加上 sudo 前缀，例如：

sudo docker run -p 6901：6901 itsleeds/itsleeds

在某些计算机上，您可能需要以"管理员""root"或类似权限模式运行 docker 工具。

然后，通过导航到其地址，在 Web 浏览器中打开 itsleeds 虚拟桌面。对于 Mac 和 Linux 设置，通常是：

http：//127.0.0.1：6901/？password = vncpassword

对于大多数 Microsoft Windows 设置，Docker Quickstart 在首次启动时会以类似于 127.0.0.1 的格式打印一串数字（IP 地址），然后再给出 Docker 命令。记下该数字，并在地址中使用它而不是 127.0.0.1，例如：

http：//123.456.789.012：6901/？password = vncpassword

您应该会在浏览器中看到如图 1.5 所示的桌面。itsleeds 的行为就像是网络上的一台单独的物理计算机一样，它可以访问互联网，例如使用其网络浏览器。在它和真实计算机之间移动文件的一种简单方法就是将文件通过电子邮件发送给自己。

在本书的其余部分中，我们假设您正在 itsleeds 虚拟桌面中工作。文本中，在提示符"$"之后的命令（包括正在运行的 psql）用于终端命令行[⊖]。使用"应用程序→终端仿真器"来获取要输入的终端。例如，打开一个终端，然后输入"$ ls"列出主目录中的文件。不要键入"$"符号本身，而是在命令末尾按回车键来执行它。书中其他不带"$"的命令将根据上下文在 Python 或 psql 中运行（仅在本节中，Docker 命令将在您自己的计算机上运行）。太长而无法在书中一行文本展示的命令使用反斜杠（"\"）分隔。反斜杠和换行符（"return"）都不应键入，整个命令应作为单个连续的行输入。

在本书中，我们将使用图形化集成开发环境 Spyder 进行 Python 程序编写工作。它包含在 Docker 映像中。要启动它，请使用"应用程序→开发→Spyder3"。

图 1.5 中的屏幕截图显示了在网页浏览器中运行的 Docker 映像。第一个窗口显示 psql

⊖ 在 itsleeds 内部使用的操作系统是 Ubuntu，命令行程序是 bash。

启动，第二个窗口显示 Spyder。

itsleeds 虚拟桌面在本地计算机上由单个文件表示。如果您更改虚拟桌面的状态，例如通过执行任何工作并写入其虚拟文件系统，则需要将 itsleeds 文件的新状态"提交"（保存）到您的真实计算机上。查看 Docker 针对您自己的计算机类型的说明，了解如何提交和重新加载。通常，这是通过首先使用命令获得虚拟桌面的标识符代码来完成的，例如：

docker ps –l

然后使用此标识符代码（代替＜container_id＞）告诉 Docker 向哪个虚拟桌面（因为 Docker 可以一次运行多个虚拟桌面）提交一个新文件，例如 itsleeds – myedit：

docker commit ＜container_id＞ itsleeds – myedit

随后重新加载并运行修改后的虚拟桌面 itsleeds – myedit，而不是使用原始的 itsleeds：

docker run itsleeds – myedit

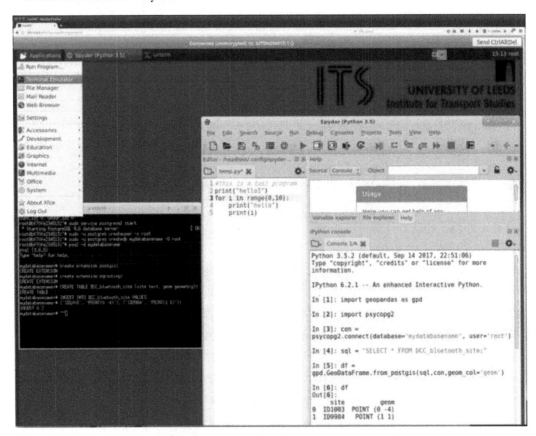

图 1.5　运行在浏览器中的 Docker 虚拟桌面 itsleeds

注：该图显示执行来自 psql 和 Sypder 的后续章节中基本的空间数据命令。

1.8　延伸阅读

下面一些简单有趣的科普读物，对了解数据科学文化有一些启示：

- Mayer – Schonberger V, Cukier K（2013）Big data：a revolution that will transform how we

live, work and think. John Murray Publications.
- Townsend, AM (2014) Smart cities – big data, civic hackers, and the quest for a new Utopia. Norton.
- Lohr S (2015) Dataism. One World Publications.

M25 高速公路起点 – 终点模型的全部细节：
- Fox C, Billington P, Paulo D, Cooper C (2010) Origin – destination analysis on the London orbital automated number plate recognition network. In: European Transport Conference (Available on – line).

英国政府关于交通数据科学的报告：
- The transport data revolution. UK Transport Catapult report（可以从 https://ts.catapult.org.uk/wp – content/uploads/2016/04/The – Transport – Data – Revolution.pdf 获取）。

1.9 附录：本地安装

在本文中，我们将假设您一直在 itsleeds 上运行。但是，如果您希望在自己的计算机上本地安装工具，那么风险由您自行承担。在与 Docker 映像一起发布的 NativeInstallation.txt 文件中提供了一些技巧，尽管在将来可能会更改版本，但这些在撰写本文时仍起作用。对于初学者而言，某些工具的配置可能有些困难，因此强烈建议使用 itsleeds，而不是尝试自己安装。如果您是初学者，并且确实想要或需要本地安装，那么应联系您的 IT 支持人员以寻求有关该过程的帮助。

第 2 章 Chapter 2

基于交通数据科学的 Python 入门

在本书的示例计算中,我们使用 SQL 和 Python 作为主要编程语言,本章将介绍新的 Python 程序。只对概念和管理感兴趣而对编程细节不感兴趣的读者可以跳过。如果您已经了解 Python 并且能够完成接下来的技能测试,也可以跳过本章。但是如果您是 Python 新手,那么在继续学习之前,试着在本章以及参考资料的帮助下完成技能测试。仅在单个章节中学会 Python 的全部是不可能的,但是我们提供了与交通数据科学主要部分相关的指南,可以在所提供的参考资料中对其进行更详细的查阅,学习编程的最好方法是去动手实践。

2.1 编程技能测试

浏览以下网站:https://data.gov.uk/dataset/road-accidents-safety-data。该网站提供有关英国交通事故的公共数据,我们会下载这些数据,并使用它来找到英国道路上发生事故最多和最少的道路。

下载并提取 2015 年道路安全事故的数据,您可以通过图形化界面或使用终端命令来完成:

$ wget http://data.dft.gov.uk/road-accidents-safety-data/ \
RoadSafetyData_Accidents_2015.zip ⊖

$ unzip RoadSafetyData_Accidents_2015.zip

用眼睛快速查看数据。您可以使用 less 命令执行此操作:

$ less Accidents_2015.csv

使用空格键翻页,q 键退出(或者您可以使用文本编辑器将其打开。由于这是一个大文件,因而某些图形编辑器可能运行会很缓慢,而为此设计的 less 可以很好地处理大数据文件)。

每一行是一次事故,数据字段的名称显示在第一行。

任务:

- 哪个工作日发生的事故最多/最少?
- 发生事故的车辆平均数和中位数是多少?

⊖ 如果在阅读时无法访问此网站,在 Docker 镜像中也提供了该文件的副本。试一下 cd ~/data/accidents. cd,意思是改变路径,~是您的主文件夹,示例文件夹中提供了解决方案的程序。

- 绘制直方图以显示一天中不同时间的事故分布。
- 限速对伤亡人数有何影响？
- 英国有百分之多少的事故发生在德比郡？相对于德比郡的人口规模来说是高还是低？
- 关于事故，还有哪些其他重要或有趣的因素？

提示：Python内置了工具和库，可将文本行拆分为数据字段，维护字典并执行排序。下面有一些代码片段为部分操作提供了提示。

```
1.  #here is how to read data from a file:
2.  for line in open("Accidents_2015.csv"):
3.  print(line)
4.  #to extract data fields from lines of a file:
5.  data_line = "here, is , some, data, 1, 2, 3 " #a fake line
6.  fields = data_line.split(",")
7.  print("number of accidents in "+fields[0]+" is "+fields[2] )
8.  #
9.  #a small dictionary of Leeds road names and accident counts:
10. d=dict()
11. d["M62"]=0
12. d["M1"]=0
13. d["M62"] += 1 #add one accident
14. #
15. #don't worry about how these 2 lines work
16. #(they sort a dictionary of counts by value)
17. import operator #this loads a sorting library
18. sorted_d = sorted(d.items(), key=operator.itemgetter(1))
19. print("the road with the FEWEST accidents is:" )
20. print(sorted_d[0])
21. print("the road with the MOST accidents is:")
22. print(sorted_d[-1]) #-1 is index of final element
23. #
24. #to convert between numbers as values and as text:
25. x=1
26. x_as_text = str(x)
27. x_as_integer = int(x_as_text)
28. #
29. #drawing a bar chart from a list
30. from matplotlib.pyplot import *
31. plot([4,7,6]); show()
```

2.2 编程语言

数据科学工作可以用大多数现代计算机编程语言来完成,您可以根据个人的喜好(理想情况下)选择语言,也可以根据您的老板(现实情况下)来选择您的团队已经在使用的语言。所有现代计算机编程语言都能完成同样的东西。它们在两个方面有所不同:首先是语言本身的"核心"结构,包括内部语法(语言的符号和语法)和语义(符号的含义);其次是用户社区为他们提供的一套库和工具。

在编程时,用于数据处理的最流行的语言包括 Python 和 R。两者都有非常相似的语法和语义。Python 是一种通用语言,有许多数据科学以外的库和工具,而 R 社区仅专注于数据科学。R 在其语法和语义中构建了一些数据科学功能(如数据框),而 Python 通过库提供了类似的功能[1]。因此,与 R 相比,Python 数据编程通常需要花费更多的精力来建立用于执行数据科学的库,但允许程序员一起使用许多其他类型的系统并与之交互。这鼓励程序员尝试数据科学的各种竞争性关系的库,而不是将它们构建到其核心中。像大多数计算机系统一样,已经有多个不同版本的 Python,我们将在本书中使用 Python 3。在编程时,还存在各种子版本,例如 3.6.2,其差异对于初学者而言并不重要。

数据科学中使用的许多库和工具不是用 Python 或 R 编写的,而是用其他语言(如 C)编写的,然后为包括 Python 和 R 在内的许多其他语言提供了接口(或"封装")。无论使用哪种编程语言,这些接口看起来都非常相似,因此通过任何一种语言学习它们通常都可以转换为在任何其他语言中使用。

特别地,核心数据库函数不是由编程语言提供的,而是由外部数据库程序提供的,它提供了编程语言的接口。几乎所有现代数据库都使用另一种称为 SQL 的语言作为这个接口,下一章将对此进行介绍。

一少部分专门的库是用 Python 或 R 本身编写的,并且只能从 Python 或 R 中使用,比如本书后面使用的一些机器学习工具。一般来说,这是不利的,如果这样的库像 C 语言库一样可以使用任意用户语言,而不是仅仅使用编写它们的语言,那么这个世界将会变得更好。

2.3 编程环境

数据科学与软件工程等其他形式的编程有所不同,因为它本质上是交互式的。在软件工程中,通常在纸和白板上设计大型"架构"和"系统",然后在整合之前一次实现并测试一个组件。如果我们更交互地使用计算机,发出命令并立即查看输出以引导我们的思想和模型,则做数据科学将变得更加令人愉悦、有趣和高效。

交互式 Python(IPython)是一个程序,它为以这种方式使用 Python 语言提供了一个良好的交互式环境。它提供了一个命令行接受输入的命令,输出对这些命令的响应,并(使用一些额外的库)启动其他进程,比如图形界面绘图。有很多种使用 IPython 的方法,但是在本书中,我们将通过上一章中启动的 Spyder 接口使用它[2]。Spyder 是集成开发环境

---

[1] 有关 R 编程的介绍,请参阅 Gillespie 和 Lovelace 于 2016 年撰写的《高效 R 编程:智能编程实用指南》。

[2] 如果您已经喜欢 vi、emacs 或其他一些编译器,并且您可能想继续使用它们,那么您可以直接从命令行启动 Ipython,然后使用其 ed 命令输入这些编译器。Jupyter 是另一个流行的界面,可在 Web 浏览器中运行,并允许您将文本和报告与图形和代码混合在一起。

（IDE）的一种。IDE 是一个图形程序，它提供 IPython Shell 及其自己的编辑器的窗口、图标和鼠标控制。您可以选择立即向 IPython Shell 提供命令和/或在其文本编辑器中键入命令（程序）序列，然后一起运行它们。大多数大型程序包含不止一个文件，文件之间交叉引用以将它们链接到由许多部分组成的单个程序中。要运行命令，请在 Spyder 中的 IPython 窗口中键入它。要运行程序，请在 Spyder 的编辑器中创建一个文件，将其保存，然后通过单击菜单栏上的"运行"图标运行该文件（该图标显示为一个绿色三角形，就像一个音乐"播放"按钮一样）。

Spyder 有许多工具和键盘快捷键，您可以通过其菜单和手册进行探索。我们在这里仅提及两个特别有用的功能：按住 Shift–Control–I 和 Shift–Control–E 来在 IPython Shell 和编辑器之间移动光标——大多数用户每天都会执行数千次此操作，因此这些键值得立即学习以节省使用鼠标的时间！

2.4 语言核心

传统上都是通过打印（显示）"hello world"开始学习任何新的编程语言的。可以在 Spyder 的 IPython 窗口中完成此操作（输入后按回车键）：

```
1. print ('hello world')
```

我们还可以打印算术值，例如：

```
1. print (2+2)
```

变量是一种可以被赋予不同值的符号，例如：

```
1. x=4
2. print(x+1)
```

Python 是一种类型语言，这意味着每个变量都有一个"类型"来描述它们是什么类型的。整数是一种类型，如上面的 x 所示。

实数（或者更确切地说，近似称为浮点数）是另一种类型，通过包含小数点来表示，例如：

```
1. y=2.5
```

或者

```
1. y=2
```

字符串是组成文本（如"hello world"）的字母和其他符号（"字符"）序列的类型，通常用引号（单引号或双引号）表示。

运算符是作用于值以生成新值（如加法）的符号。符号"+"对整数和浮点数执行加法运算。它还用于连接两个字符串，例如：

```
1. s='hello'+' '+'world'
2. print(s)
```

若要查看变量的类型，请输入：

```
1. type(x)
```

有时我们需要将一个变量从一种类型转换为另一种类型，例如：

```
1. x=1
2. print(' There are '+str(x)+'cars')
```

将 x 转换成一个字符串，这样"+"运算符就可以将它与其他文本串在一起，而不是将它以数字形式添加到文本中。

基本的字符串、整数、浮点数和其他类型可以使用所谓的"print – F"语法[①]快速转换并插入字符串中，这种语法使用的代码如 i 表示整数，s 表示字符串，f 表示浮点数，它在数据处理中大量使用。

```
1. print('Camera %i saw car %s with confidence %f'%(5,'AB05 FDE',0.6))
```

注释是对人类读者的注释，计算机会忽略它，并以"#"符号作为前缀：

```
1. #this is a comment
```

2.4.1 列表

列表是一种变量类型，它是存储其他变量的有序序列，例如：

```
1. l=[1,2,'car', 5.0, [5,6] ]
```

列表可以包含不同类型的变量，包括其他列表，如上面的最后一个元素。

可以用如下方式从列表中访问单个元素：

```
1. print(l[4])
2. l[4]=9
```

可以通过从另一个元素中选择元素的子集来形成新列表，例如：

```
1. l[0:4]
```

这也适用于字符串，例如：

```
1. s = 'hello world'
2. s[1]
3. s[0:4]
```

需要注意的是，Python 会计算（"索引"）列表和其他结构的成员（从 0 开始而不是从 1 开始），就像英国的办公楼，与美国不同，这些办公楼的第零层为"地面"，第二层为一楼。

在列表中添加和删除元素：

```
1. l.append ('newstring')
2. l.remove (2)
```

2.4.2 字典

字典（在某些语言中称为"哈希表"）是另一种基本类型，可以概括上述列表概念。列表包含几个元素，每个元素都有一个整数作为索引。这样可以快速、轻松地找到元素，例如

[①] 该名称是 C 类语言的历史继承，其语法大部分与这些语言兼容。

说"给我元素编号 456",而不必搜索所有之前的 455 个元素就可以找到它。试想一下,一个列表用作办公室中的一系列物理邮箱归档的实现。每个归档都有一个数字作为它的标签(索引),并将东西存储在里面(它的元素)。现在假设我们用任意变量替换这些数字标签。例如,我们可以使用字符串,然后用一个名称来寻址每个元素,例如从驾驶员名字到车牌的对应:

```
1. d=dict ()
2. d['Andrew Froggatt']='XY32 AJF'
3. d['Andrew Bower']='XZ85 AJB'
```

从数据科学的角度来看,字典可以被认为是一种非常简单的"数据库"形式,可以存储键值对。我们以后将看到,这种类型的存储已经在"大数据"范围内通过一些"NoSQL"数据库变得流行起来。

2.4.3 控制结构

与大多数编程语言一样,Python 提供循环结构和条件结构,比如:

```
1. for i in range(0,10,4):
2.    print('hello world'+str(i))
3. x=1
4. while x<10:
5.    x=x+1
6.    print('while'+str(x))
7. if x==1:
8.    print('x is one!')
9. else:
10.   print('x is not one!')
```

注意,缩进在 Python 中非常重要,可以使用空格或 tab 键来编写[1]。

2.4.4 文件

在处理数据或将数据导入数据库之前,我们通常需要从文件中加载数据。文件通常一次读取和写入一行。

以下是如何写入文件:

```
1. f=open('myfilename.txt','w')
2. f.write('hello')
3. f.close()
```

以下是如何读取文件:

```
1. for line in open('myfilename.txt'):
2.    print(line)
```

---

[1] 关于哪个最好用的争论仍在激烈进行。作者支持 tab 键,因为单个 tab 比多个空格更方便!

2.4.5 函数

函数是一段封装的代码，它接受一些输入并返回一个输出，可以从程序的其他部分多次调用。函数在 Python 中是这样定义和使用的：

```
1.  def myfunction(a,b):     # a,b are the inputs
2.  r = a+b
3.  return r                 # return an output
4.  x=1
5.  y=2
6.  z=myfunction(x,y)        # call the function
7.  print(z)
```

Python 可用于面向对象编程（OOP），它允许定义复杂的数据类型（"类"）以及对其进行操作的函数。在本书中，我们不会过多地使用 OOP，但有时会遇到由库和工具为我们创建的对象（类的"实例"）。发生这种情况时，函数名称会通过点添加到对象名称的后面，例如：

```
1.  myobject.myfunction(a,b)
```

这大致相当于写入：

```
1.  myfunction(myobject, a,b)
```

2.5 库

大多数 Python 的数据科学功能是由流行的库而不是核心语言提供的。这里无法描述所有的这些内容，读者可以参阅延伸阅读部分以获取完整的参考。通常，如果您认为某个函数应该存在于库中，则它可能确实存在[①]。

2.5.1 模块

当程序开始变多时（通常当它们填满一个屏幕以上的文本时），将它们分成几个较小的文件通常是有意义的，这些文件在 Python 中被称为模块（在其他语言中被称为"库"或"组件"）。除了使浏览代码更容易外，模块还具有可以被多个程序重新使用的优点。Python 模块以 .py 后缀保存。您可以像以下这样在新程序中重新使用模块。

mymodule.py 文件：

```
1.  def myfunction(a,b):
2.  return a+b
```

myprogram.py 文件：

```
1.  import mymodule
2.  z = mymodule.myfunction(1,2)
```

重用程序的另一种语法是：

---

① 如果确实没有，那么您可以自己将其添加到库中并发布给他人使用——所有这些工具都是开源的。

```
1. from mymodule import *
2. z = myfunction(1,2)
```

Python 的库总是以模块的形式出现。本书随附的 Docker 镜像具有许多可供使用的设置。在本书的程序开头，您会看到它们作为导入语句出现⊖。

2.5.2 数学公式

Python 的数学库提供了基本的数学运算，例如：

```
1. import math
2. print ( math.sin(math.pi * 2) )
3. print ( math.exp(2) )
```

与某些语言不同，幂函数是核心语言的一部分，将 $10**2$ 表示为 10 的 2 次幂。

Numpy 库提供了向量、数组和矩阵（线性代数），根据长期的习惯，该库更名为 np，以使其更加简洁：

```
1. import numpy as np
2. Z = np.zeros((2,3))
3. I = np.eye(3)
4. A = np.matrix([[1,2],[3,4]])
5. A[0,1] = 6
6. print(A[0:2, 1])
7. print(A.shape)
8. print(A.dot(A))    #matrix multiplication
9. print(A+1)         #add scalar
```

2.5.3 绘图

在 Python 中绘制图形通常是通过 Matplotlib 库完成的，如下所示：

```
1. from matplotlib.pyplot import *
2. xs = [1,2,3]
3. ys = [10, 12, 11]
4. plot(xs, ys, 'bx') #blue x's
5. plot(xs, ys, 'r-', linewidth=5) #thick red lines
6. text(xs[1],ys[1],'some text')
7. title('my graph')
8. ylabel('vehicle count')
9. gca().invert_yaxis() #flip the y axis
10. xticks( range(0,16), ['car', 'van', 'truck'], rotation='vertical')
```

⊖ 在您的计算机上有很多安装新的 Python 库的方式，在编写本文时，最常见的方法是称为 pip3 的工具。

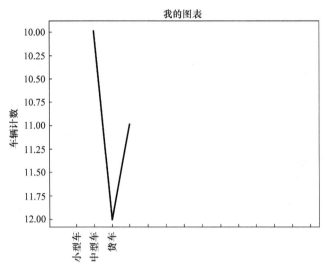

如果您查阅 Matplotlib 参考文档，就可以以您想象或需要的大多数方式来规划绘图。绘制具有不同宽度的线对于显示交通网络中的车辆流动特别有用。

在 Spyder 中进行绘图时，Spyder 的默认设置是在 IPython 窗口内显示绘图，称为"内联"模式。这通常是数据科学工作所需要的，但是有时您希望将其显示在自己的新窗口中（特别是，这使您可以用鼠标平移和缩放它），则可以使用 Spyder 的菜单选择此模式：工具→偏好→IPython→图形→后端→自动。

2.5.4 数据框

数据框是类似于 LibreOffice Calc 或 Microsoft Excel 电子表格或数据库表的数据结构，在多行命名列中具有数据，每个列存储着不同类型的数据，如数字和文本。它们可以在包括 Python 在内的大多数现代语言中通过其 Pandas 库（通常改名为 pd）获得。稍后我们将看到 Pandas 能够与大型数据库建立接口，但更基本的是，它也可以从 CSV 文件读取和写入数据框（df）。这样可以节省手动读取带有循环的文件以及分解其数据以存储在数组中的时间和精力。下面提供了一些有用的 Pandas 命令供参考。一些内容在初读时可能没有意义，但将在以后的练习中成为有用的参考信息。

```
1. import pandas as pd
2. import numpy as np
3. df=pd.read_csv('data/accidents/Accidents_2015.csv') #load from csv file
4. df.columns    #names of columns
5. df.shape      #number of rows and cols
6. df['Number_of_Vehicles']         #extract a column
7. df[0:20] #extract some rows
8. df.iloc[7]  #extract single row
9. df.iloc[::10, :]  #extract every 10th row
10. df.as_matrix()  #convert to numpy
11. I = np.eye(3)   #create a matrix
```

```
12. df = pd.DataFrame(I, columns=['col1','col2','col3']) #convert np to pd
13. df['col1']+df['col2']   #add columns
14. df + df         #add all columns
15. del df['col1']  #delete a column
16. df.append(df)   #append frames
17. df.sort_values('col2', ascending=False)     #sort by a column
18. df['newField']=0.  #add extra column
19. df[df['col2']==0]   #select rows WHERE true
20. df.merge(df)    #JOIN columns from frames
21. df = df1.merge(df, how='outer').fillna(method='ffill') #align by time
22. df.to_csv('filename')   #save frame as CSV
```

2.5.5 调试

调试允许程序员使程序停在代码中的预定行上，在此处，他们可以交互地手动检查所有变量的值，包括绘制绘图并对该值执行计算。Spyder 包含图形调试器，要使用它，请在编辑器中双击一行代码以设置一个断点（显示为红色圆圈）。按 Control – F5 键以调试模式运行，它将在断点处停止。使用 IPython Shell 检查变量，然后使用菜单栏中的蓝色箭头，一次一行地在程序中前进或在函数中进出。

许多程序员在调试上花费了大量的工作时间，而另一些程序员则认为依赖调试是软件设计不佳的标志，他们更喜欢通过代码本身打印出许多变量的值来跟踪错误[○]。

数据科学与其他形式的软件工程的不同之处在于，许多问题不是由程序错误引起的，而是由数据中意外的"差错"引起的。通常，程序员会对数据做出一些看似合理的假设，例如某个字段中的值大于零，然后当遇到意外的负数时，程序就会停止。故障可能需要很长时间才能跟踪，而且（可以说）这不是程序员的错，常常需要在故障点交互地绘制数据，因此在这种情况中，大量调试可能比其他形式的软件工程更容易接受。

2.6 延伸阅读

绝大多数新（老）Python 程序员使用的官方 Python 教程：
- https://docs.python.org/3/tutorial/index.html

Numpy 教程：
- https://docs.scipy.org/doc/numpy – dev/user/quickstart.html

Octave/Matlab 用户对 Numpy 非常熟悉，以至于许多命令将直接运行或在 Numpy 中进行一些更改（只需记得从 0 开始而不是从 1 开始索引）。Octave/Matlab 用户的详细转换指南如下：

○ 函数式编程运动研究了更严格的减少错误的方法，它强调用程序定义数学函数，而不是如何逐步计算，通常包括大量使用类型系统作为捕获错误的手段以及相关的形式化方法，研究如何用数学方法证明程序的正确性。函数式编程近年来越来越流行，而形式方法在大多数情况下仍然是一个研究领域。

- https：//docs.scipy.org/doc/numpy-dev/user/numpy-for-matlab-users.html

Pandas 使用：

- http：//pandas.pydata.org/pandas-docs/stable/tutorials.html
- McKinney W（2017）Python for data analysis, 2nd edn. O'Reilly.

Matplotlib 使用：

- http：//jakevdp.github.io/mpl_tutorial/tutorial_pages/tut1.html

Python IDE、调试器、测试和相关工具：

- Rother K（2017）Pro python best practices：debugging, testing and maintenance. Apress.

第 3 章

数据库设计

3.1 关系模型基础

在 Python 练习中，我们使用文本处理操作来逐步浏览 CSV 文件并一次处理每一行。对于某些应用程序，此方法可以扩大规模以存储和处理更大的数据集。例如，我们许多国家多年以来每年的道路交通事故可能都存储于一个单独的 CSV 文件中。

我们通常使用文件和目录这种方式在家用计算机上存储少量文件。对于这种结构，我们经常遇到的一个问题是，目录层次结构对文件如何按其类型存储施加排序。例如，对于每个国家和每年的事故清单，我们可以选择使用例如/accidents/UK/2015 and /accidents/USA/2016 类型的目录名称；或者我们可以使用类似的名称如/accidents/2015/UK.csv and /accidents/2016/USA.csv。当我们编写程序来处理这些数据时，它们将被构造为循环遍历目录，例如：

```
1.    for countryID in os.listdir("accidents/"):
2.        for yearID in os.listdir("accidents/"+countryID+"/"):
3.            for line in open("accidents/"+countryID+"/"+yearID):
4.                print(line)
```

对于需要遍历集合中所有事故的迭代任务，这足够了。但是，如果我们只想迭代来自一个国家或一年的事故，该怎么办？简便一点的方法是编写如下的程序：

```
1.    for countryID in os.listdir("accidents/"):
2.        for yearID in os.listdir("accidents/"+countryID+"/"):
3.            if countryID=="UK":
4.                for line in open("accidents/"+countryID+"/"+yearID):
5.                    print(line)
```

这种方法的问题在于，即使每次任务仅需要一小部分数据，程序仍会在每次执行任务时在整个数据库上进行迭代的计算工作。在某些情况下，我们可以针对特定任务优化数据结构。例如，如果我们知道我们希望经常处理来自一个国家的所有数据，而又不想（或很少）处理一年中的所有数据，那么我们可选择存储目录"/accidents/UK/2015"，并编写如下程序：

```
1.  countryID ="UK"
2.  for yearID in os.listdir("accidents/"+countryID+"/"):
3.      if countryID=="UK":
4.          for line in open("accidents/"+countryID+"/"+yearID):
5.              print(line)
```

但是，这是一个非常脆弱的解决方案，因为通常在现实生活中，您的经理最终会要求您开始进行按年份或其他变量选择的计算。您一开始就对目录结构所做的决策会再次干扰您，并且很难更改，因为现在您所有的代码都是在假定文件名格式的情况下编写的。

很多人在整理自己的音乐收藏时，很快就遇到了这个问题——不管是实体的还是数字的。订购架子上的一套CD盒可以通过作曲家、表演者或唱片集标题的名称完成。通常会有一些包含"不同艺术家"作品的光盘，这些光盘会引起一些特定的问题。

目录文件模型的一个相关问题是文件本身。如果事故列表变得非常大（如本例中为4MB），那么即使找到了正确的文件，我们可能仍然不得不花费大量的搜索时间来查找文件中的特定行。例如，一旦2015年英国发生了事故，我们可能希望通过搜索整个文件并排除不属于切斯特菲尔德的行来找到所有在切斯特菲尔德的事件。我们可以将该信息移出文件本身，并移入目录结构，例如，通过创建名称为/accidents/UK/2015/Chesterfield.csv 和/accidents/UK/2015/Leeds.csv 的新子目录。但是，这将再次在这些字段上强制执行特定顺序（相反，我们可以将所有文件中的所有信息移动到一个大文件中，并添加国家和年份的新列，这将使文件中的搜索同样困难）。

您可能已经尝试过一种解决计算机音乐组织问题的方法，该方法使用了文件层次结构中的"软链接"或"虚拟目录"。这是尝试解决层次结构问题的一种方法，因为它允许有多个路径，例如/accidents/UK/2015/Chesterfield 和/accidents/2015/UK/Chesterfield 指向同一个文件。这就是所谓的"网络模型"，有时能起到一点作用。但是，除非您为变量的每种可能排序创建指数级的虚拟目录，否则仍有可能无法覆盖。

在许多数据科学应用程序中，分层目录和文件结构仍是数据库的一种常用形式。例如，来自EUCityMobil2无人驾驶汽车项目的行人检测以/cm2/experimentDate/vehicleNumber/experimentNumber/detectionNumber.csv 之类的文件存储，并且足以用于许多用途。

3.2 描绘世界

关系模型是在1970年提出的，用于解决文件层次结构问题，直到最近十年，其一直是主要的数据库模型。近年来，它还受到其他"大数据"方法的挑战，但其对大多数新方法仍然具有很大的影响力。当前，大多数交通运输机构可能会使用关系数据，即使他们也在考虑"大数据"方法。关系模型以及许多其他模型的核心思想是将数据存储的实现与用于表示对其进行操作的命令分开。在计算机科学中，此过程被称为封装，并且命令集是"应用程序接口（API）"。封装是计算机科学处理和降低软件复杂性的主要手段之一。作为数据分析师，您无须编写程序来处理原始文件，而是编写可以操作数据描述的"世界概况"的程序。数据库程序以及数据库架构师做出的一些实施决策，负责解决如何使这些操作高效运行。您无须担心数据如何存储在文件中，或者（理想情况下）有多少硬盘或用于处理数据的计算机数量，只需要让系统对数据进行操作即可获得结果。数据库对用户来说是一幅世界的图片，而不是计算结构，它的工作是代表世界。在这种表示方式中，我们应该使用哪种图片呢？

3.2.1 本体论

封装思想非常普遍，涵盖了许多数据模型。为了理解什么是关系型数据库，以及它与其他模型有何不同，我们需要考虑本体论，还需要谈论事物（things）。

在哲学中，本体论是对"事物"的研究。在远古时代，这被认为是对"真实"存在的争论，有些人认为世界是由水或四种元素或原子组成的。在现代哲学中，人们普遍认为，人类根本不知道什么是"真实"存在的，相反，不同的人和群体建立自己的心理模型来描述自己的经验模式，这些模式适用于不同的目的。对于不同的人和目的，本体论就成为研究这些模型是什么或应该是什么。

"本体论"在两种略有不同的意义上使用。它以最纯粹的形式（我们称之为"哲学本体论"）询问精神"事物"的一般结构是什么。这是与关系、面向对象和其他数据模型有关的问题。一旦在较高的级别上做出了决定（如使用关系模型），那么我们称之为"数据本体论"（但也许更类似于哲学中的"形而上学"）的次级形式就会询问如何对哲学本体论中用于特定目的的特定"事物"的集合进行建模。在这种情况下，我们可以谈论"一个本体论"或"某些本体论"，用来在一个哲学本体论范式中对不同数据集进行建模。

流行的和专业的数据库文本通常缺少哲学本体论，这些文本以数据本体论开始，隐式地假定了哲学的关系模型。关系模型作为实用数据库的主体已经存在了近50年，但是在过去的10年中，由于"大数据"的计算需求与其某些要求相冲突，它开始受到质疑。如果确实需要更改，那么数据科学家在考虑替换关系模型时将会需要再次考虑哲学本体论。

3.2.2 哲学本体论

哲学本体论是哲学的经典分支，有时被认为是哲学最纯粹和最抽象的分支。它是有关是或存在基本范畴的问题。它经常具有像两位牛津教授坐在扶手椅上辩论的特征（相当准确！），诸如：

"红苹果是苹果吗？"

"从雅典到底比斯的路和从底比斯到雅典的路是一样的吗？"

"什么是红色和看不见的？"（答案："没有苹果。"）

对于大多数工程师来说，这些问题似乎是在浪费时间，并且很容易嘲笑哲学家，在尝试了2500年之后，他们的答案显然存在分歧！

但是，作为数据科学家，我们确实需要认真对待，因为当我们询问数据库封装应如何表示世界时，它们已成为非常实际的设计问题。我们的心理模型由什么组成，以及如何在数据库接口中表示它们？

当我们询问（精神）世界是由什么构成时，我们并不是在说它是由什么特定的事物构成的，如汽车、事故或原子。相反，我们首先问"事物"是什么意思，比如汽车、事故、原子和颜色都可以成为这些"事物"的类型。不同的哲学家对"事物"提出了不同的定义，这些定义直接导致了数据库和程序设计的不同模型。

- 您如何定义"事物"？
- 是什么使两个"事物"彼此不同？

大多数普通人最初都会给出以下类似的答案："事物是具有空间中的位置和某些属性（如颜色、大小或重量）的实体。"

这是数据库设计的一个很好的起点，并且大致是古典哲学家亚里士多德所表达的哲学本体论——我们可以通过一组实体（或"对象"）对世界进行建模，每个实体都有一个位置和一组特性。实体与其属性的连接称为"所有"关系。如果仔细去看，我们就会发现该定义实际上描述了三种不同的"事物"，即实体、位置和属性。我们可能会简单地将位置视为另一个属性，因此有两种类型的事物 – 实体和属性 – 实体可以由 CSV 文件中的行建模，并用逗号分隔标准属性集的值，见表 3.1。

表 3.1 实体的位置和特性

实体	位置	颜色	大小
我的汽车	伍德豪斯巷停车场	银色	中型
车牌识别系统	M1 J36 桥南向	黄色	小型

- 这种"事物"概念的局限性是什么？

显然，这种"事物"的概念在几个方面受到限制。例如，它不代表"我的汽车"行驶的速度、车龄或车牌号。但是，我们不能仅将这些添加到事物属性表中，因为大多数属性不适用于 ANPR 摄像头。ANPR 摄像头具有与汽车不同的属性，如帧频、检测精度和哈希函数。为了对此建模，我们需要更好地了解"实体"是什么，其中包括"类型"或"类"。例如，"实体是类的成员，并且具有实例化该类的所有属性值"。

现在，我们在世界上拥有三种类型的"事物"：实体，属性和类。为了完成这项工作，我们还需要定义什么是类，例如，"类是一组属性"。

大多数数据库和许多编程语言都将其严格定义为"类是具有指定类型的一组属性"，因此重量必须为千克数，年龄必须为年数等。我们仍然需要"类型"的定义，该定义通常是原始值（如"整数""字符串""实数"和递归）的混合，允许将现有的类用作新类定义中的类型。在这种世界的视角下，每个类都可以建模为单独的表格，其中包含该类的实体及其属性列表，见表 3.2、表 3.3。

表 3.2 汽车及其属性列表

汽车	位置	车速	车龄
我的汽车	伍德豪斯巷停车场	0	5
理查兹的汽车	M62 J4	70	4

表 3.3 ANPR 及其属性列表

车牌识别系统	位置	帧率	检测率
ANPR_cam57	M1 J36 桥南向	10	0.99
ANPR_cam59	M1 J365 桥北向	20	0.95

这对许多静态数据库和计算机程序都很有效，并且是 Python 的类系统中使用的"面向对象编程"的基础。尽管如此，哲学家仍在争论这种模式。著名的"普遍性问题"问道：

如果没有实例化属性的实体,属性还有什么存在的意义(这就是上面那个"没有苹果"的笑话)?同样,柏拉图通常被理解为没有实例化而独立存在的信仰类("形式")。

大多数自然语言的基本名词/形容词结构都反映了这一概念。但是自然语言也包含动词,这些动词至今都没有。特别是在研究移动物体的交通领域,我们需要一种方式来表达时间和变化的概念。我的车在周一和周二是一样的吗?如果车主更换了发动机、颜色或牌照呢?M1高速公路在周一和周二是一样的吗?它可能有相似的交通流量,但它们将由不同的汽车组成。车道可能已经打开或关闭,甚至是通过建筑工程增加。您能两次穿过同一条高速公路吗?

- 您如何表示"我的汽车"沿着高速公路行驶?

表示时间和变化的一种方法是将事件视为比实体更高层次的事物。我们可以认为,与类一样,实体不是可直接观察到的。相反,我们观察到每个事件都由"瞬间实体"组成,见表3.4。

表3.4 事件"瞬间实体"组成

事件	实体	日期	时间
事故1	我的汽车	2017-01-20	07:30
检测1	ANPR_cam57	2017-01-15	15:37

我们以前认为位置是实体的属性,时间是事件的属性,而不是事物的属性。这使得空间和时间处于不同的地位。对于像交通运输这样的应用,这通常是可以的,尽管现代物理学更倾向于将空间和时间平等对待。在20世纪的"过程哲学"中,人们试图将事件而不是事物理解为主要的,部分原因是为了应对物理学的变化,部分原因是为了让人们对日常事件有更清晰的认识。这仍然是一个哲学研究领域,也许有一天会为新的数据库思想提供灵感。

现在这是完整的本体论吗?不,我们通常还需要构想两个或多个事物之间的相互作用或关系,以便说出对世界有用的任何东西。这些通常被称为关系。例如,"猫在垫子上"是两事物之间的空间关,"车1超越车2"是时空关系。在自然英语中,某些关系由介词表示,如"on"和"next to",其他则由动词表示。

与原始属性、永恒实体和抽象类一样,哲学家们可能也乐于讨论存在的关系。车1超过车2是车1的属性,还是车2的属性,或者两者都是,或者两者都不是?是不是属性外的其他东西?如果是这样,那么这个世界现在由五种事物组成:实体、属性、类、事件和关系。关系可以只是一个实休吗?它一定有自己的属性把它与车1和车2连接起来。如果它有属性,那么它与其他实体有什么不同呢?但不知何故,我们觉得车1和车2比它们之间的这种超越关系更基本,更"真实"(当然,每个人都会把这两辆车视为独立的实体,但或许只有懂开车的人才会看到超车)。或者,我们可以通过将事件视为实体与时间之间关系的特殊情况,从而从本体论中除去此类事件。

面向对象的编程模型往往在事件和关系方面存在问题。它非常擅长对实体、类和属性进行建模,但是通常通过将事件和关系建模为包含实体和时间的新类来伪造事件和关系。面向对象的模型可能会具有诸如Car、CarAtTime和OvertakingEvent之类的名称。这种方法的一个问题是它预先确定了可能的事件和关系类型的空间。如果以后我们对超车事件中某个特定的人(而不是他们的汽车)感兴趣,我们必须回到软件设计师那里,要求他们制作一个新的 PersonOvertakingEvent 来添加到程序中。在数据分析过程中，我们无法即时想到这种新的事件类型。更糟糕的是，我们遇到了与使用目录中的文本文件作为模型相同的层次结构问题：对两个事件之间的关系进行建模的类与对包含两个关系的事件进行建模的类不同，并且两个空间事件之间的时间关系不同于两个时间事件之间的空间关系。

关系模型比面向对象的编程更通用，因为它允许动态地组合这种新类型的事件和关系，并且可以在可能的组合的整个空间中工作，而不是使用一组预定义的类。这可能被认为是好事，也可能被认为是坏事。好事是因为它避免了层次结构问题和预定义的类问题；坏事是因为大多数编程语言都采用面向对象的模型，当程序与数据库进行交互时，这会导致本体之间的冲突。关系模型将对象、事件和关系的集合简化为具有类这一类型化关系的单个概念。

"现代主义者"哲学家维特根斯坦（他也是一名工程师，如果现在还活着，也可能是数据库设计师），他的哲学始于：

世界就是如此。

1.1 世界是事实而不是事物的全部。

1.1.1 世界是由事实决定的，是由事实本身决定的。

1.1.2 因为事实的总和决定了什么是事实，也决定了什么不是事实。

1.1.3 逻辑空间中的事实就是世界。

1.2 世界分为事实。

1.2.1 在其他所有条件都相同的情况下，每个项目可以是事实，也可以不是。

这本质上是关系模型中所蕴含的哲学。我们没有类型、事件和关系，只有类型关系（维特根斯坦称它们为"事实"）。类型关系是有序的、类型化的 n 元组的实例；来自于定义大小、顺序和类型的类。我们可以使用汽车（名称，位置，车速，车龄）的类型关系来表示汽车实体，例如，汽车（我的汽车，伍德豪斯巷，0，5）。我们可以用诸如事故（车1，车2，时间）之类的类型关系来表示事件和关系。与面向对象的编程不同，可以对关系进行操作以动态给出新类的关系。例如，如果我们的问题是："请选出下午3点以后发生事故的车辆的所有车龄和时间"，那么我们可以将结果的类型定义为类 NewRelation（age，time）的关系。此类型与"汽车"或"事故"的类型都不对应，它是一种新的关系类型，仅在询问此问题时才会出现。

这是 Codd 在 1970 年提出的观点，该观点仍然是关系型数据库和当今大多数在线部署数据库的基础。除了关系模型与面向对象编程之间的紧张关系外，"大数据"的计算需求还可能迫使人们回到面向对象的风格，甚至是基于文件的模型。如果我们要避免它们的历史问题，可能需要仔细考虑它们的本体将如何变化。

- 您认为世界是由实体构成还是由事实构成？
- 您认为哪种方法可以更好地为数据科学建模？

3.2.3 数据本体论

与数据库设计师的日常工作相比，哲学本体论中的问题非常抽象，数据设计师通常采用给定的关系模型或面向对象模型，然后才关心更实际的数据本体论。在假设关系模型时，数据本体包括选择类型关系的特定类来建模和解决特定问题。这是针对每个问题的"整洁化"或"现代化"的数据处理。现代主义数据库设计者对他们的设计非常谨慎，避免了矛盾并表现了一致的世界（因此，他们会非常保护"自己的"数据库，特别是当新员工希望将自己的数据或模型插入其中时）。这种"现代主义"观点目前正受到来自"混乱"或"后现代"大数据研究人员的压力，这些研究人员更多地专注于将旧数据重用于新的非预期目的。但是，我们目前仅描述现代主义方法。

现代主义的设计过程始于客户和问题。客户通常是特定领域（如交通运输）的专家。客户想知道某些问题的答案，该问题是根据日常"事物"（如汽车、速度和事故）表述的。数据库设计人员与客户一起了解实体是什么，以及它们的哪些属性很重要。对与客户问题无关的实体和属性进行建模是不可取的或没有用的（在现代主义中）。例如，如果任务是起点–目的地分析，那么我们就不对汽车的颜色建模。

有时，子类将用于描述不同但相关的实体类型。例如，所有车辆可能具有重量、牌照和速度，但货车是车辆的子类别，同时也有货运类型；而汽车可能有 numberOfPassengers 和 numberOfDoors。子类别可以使用 is–a 关系建模，该关系表示一个实体是另一个实体的子类。

在自然英语中⊖，我们使用"is"一词来表示四种不同的事物：existence（有汽车）、has–a（汽车为红色）、is–a（汽车为车辆）和 is–related（汽车在路上）。对于使用的数据，我们必须更加清楚。其中某些"is–ness"或"being"的类型将会通过属性在数据中建模，而其他类型则通过其他方式建模。例如，在某些面向对象的编程方式中（比如直接用 C 语言做面向对象编程），is–a 表示为属性；而在其他方式（例如 C++）中，它具有自己的特殊语法和结构⊖。

在设计过程中，无论是正式的还是非正式的，经常使用图形统一建模语言（UML）。UML 将每个类显示为一个包含属性槽的框。一些属性是来自其他类的实体名称，通过指向它们的箭头显示。is–a 关系用另一种类型的箭头表示。图 3.1 显示了一个用于建模 ANPR 检测的小型 UML 数据库设计示例。

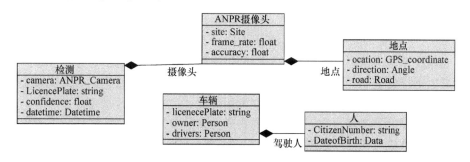

图 3.1　ANPR 数据库的 UML 模型

- 这种数据本体有哪些问题和局限性？

即使使用这样的简单模型，我们也已经发现了许多本体论问题。在这里，我们已将"摄像头""检测""地点""车辆"和"人"作为关系来建模，而将其他实体（如车牌和

⊖ 现存的"is"和"has–a"有双重含义，这一点在古波斯语的大多数印欧语系中都有体现。在某些语言中，它们的表示方式不同，例如，一个人可能"have"一个属性，而不是"be"它。例如，"I have redness"和"I am red"这句话偶尔也会出现在英语中，比如"I have 20 years of experience"和法语"J'ai vingt ans"类似。

⊖ 请参阅构造语言"Lojban"，以获得介于自然语言和数据语言之间的例子，它使用了显式的逻辑关系。实际上没有人会说 Lojban 语，但研究它是自然语言、数据语言以及本体论相互学习的好方法。

日期）视为属性。为什么摄像头与牌照有不同的本体地位？我们也可以将车牌建模为一个含有字母和数字交替的字符串实体，这将使 UML 看起来更漂亮，因为这样摄像头和车辆的牌照属性将可以联系起来。不明显的是，它们在其他方面使用相同的内容。Vehicle 类是否足以满足我们的模型要求，还是应该有 Car 和 Truck 子类来提出有关这些实体的问题？还是 Vehicle Type 是 Vehicle 的属性而不是子类关系？检测的置信度是该检测的属性，还是相信有关特定检测是否存在的更高级别属性？当车辆有两个或两个以上注册驾驶员时，会发生什么？我们如何对检测事件中出现的驾驶员进行建模？

数据本体设计的一些基本原则在计算上或实际上都是有用的，通常应遵循以下原则。

1. 没有冗余

每条信息在数据库中应该只表示一次。例如，我们可能很想在检测事件中具有类似"驾驶员名字"和"驾驶员生日"的属性。像这样的几个属性出现在先前看到的 Accidents.csv 文件中，以便在单个文件中表示它们。问题在于该信息以后可能出现在多个位置，例如也出现在 Person 类中。这使得数据库中可能出现不一致的情况。如果某个类中包含的数据有可能被其他类重用，那么请考虑将其拉出自己的类。

2. 意义和参考

如果实体的属性是另一个类的成员，如摄像头具有站点，则摄像头应仅存储站点的名称，而不存储站点本身（这在 Codd 的论文中不是很清楚，可能被解读为关系实际上包含了其他关系作为属性，而不仅是它们的名称）。这意味着必须为每个站点赋予唯一的标识符，如数字或代号，这称为键。我们可以说，键是"摄像头"属性的"意义"，它引用的"站点"数据是它的"参考"。指定实体意义的另一种方法是描述其某些属性，例如"在9:07检测到的汽车"或"在19:36检测到的汽车"。

在关系模型中，名称键仅作为另一个属性出现，并且在本体状态上与描述真实世界数据属性的其他属性没有区别。有时，这可能会导致当同一真实世界实体以两个不同的名称出现在数据库中的问题。例如，我们的摄像头可能会在白天遮盖车牌的情况下检测到"早间车"和"晚间车"。在这种情况下，创建的两个实体"早间车"和"晚间车"实际上是指同一辆车，但是系统不知道这一点。也许在以后的日子里，我们可以更清楚地看到车牌，并意识到两种意义上都指的是同一实体，在这种情况下，我们将不得不将它们合并到数据库中。这将包括检查所有其他具有属性意义的类，并更新其值。

键的另一个用途是计算。我们经常需要快速搜索具有特定名称的实体。这通常是在我们想从一个类的属性成员中提取数据时出现，例如，查找与已知摄像头相对应的特定站点的详细信息。在本书的后面，我们将更多地讨论数据库系统如何做到这一点。

尽可能对实体使用标准命名约定。如果以后您必须从其他位置导入数据，这将有所帮助，因为另一个数据库的设计者很有可能会使用相同的名称。例如，车辆可以通过其牌照命名，人可以通过其政府公民编号命名。

3. 事件设计

尽管关系模型本身在实体、事件和关系之间没有区别，但是这样做通常是有用的。首先设计实体，然后设计事件和关系，将实体链接到地点、时间和彼此。

4. 使用案例模型

有设计初稿后，与客户一起了解他们想对数据提出的问题类型。提出具体的示例问题，以覆盖尽可能多的用例。使用纸和笔为数据库设计建模，并研究用例如何对数据进行操作。

出现问题时，更新设计。考虑客户将来可能会提出的问题很有用。通常他们还不知道他们的问题是什么，但是一个好的设计可以预见其中的一些问题，这样就不需要大数据重组来应对它们。常见的请求包括按城市或车辆类型、道路类型、道路状况和日期进行的故障分析，因此设计师通常希望一开始就包含其中的许多细分。

5. 数据规范化

规范化是一个正式的过程，不仅包括删除冗余，而且还随着添加新的类来限制将来可能出现的冗余。它在原始文章（Codd，1970）中进行了描述，从那以后一直有很重要的地位。它从形成一个类层次树开始，最抽象的类在顶部。它遍历整个树，检查哪些属性可以从每个类的层次结构向下推，确保此过程可以创建一个美观、干净的数据库，所有实体都可以轻松地供新类重用，并且不包含任何冗余。

3.2.4 SQL

Codd 于 1970 年提出的关系模型由结构化查询语言（SQL，有时称为"sequel"）实现。当不同的数据库软件公司希望使它们的系统通过单个标准界面相互交互时，SQL 就出现了。因此，从理论上讲，您可以将您的 SQL 代码写在一个数据库上，然后在另一个厂商制造的数据库上运行它。Codd 定义了对两种不同语言的需求：一种用于创建和处理数据库的数据本体，另一种用于在该数据本体内工作以插入和查询特定数据项。对于第二个方面，SQL 在很大程度上实现了其交互操作性目标。但是不同数据库软件使用它们自己的变体仍然是一个问题。主要的 SQL 实现包括此处使用的 PostgreSQL，还有 MySQL、Oracle 和 Microsoft SQL Server。PostgreSQL 和 MySQL 是开源软件，可以下载并在大多数类型的计算机上运行。

3.3 练习

3.3.1 设置 PostgreSQL

使用 itsleeds，启动在计算机后台运行的数据库服务：创建用户，创建数据库并登陆。

```
1.    $ /etc/init.d/postgresql status
2.    $ service postgresql start
3.    $ sudo -u postgres createuser -s root
4.    $ sudo -u postgres createdb mydatabasename -O root
5.    $ psql -d mydatabasename
```

3.3.2 SQL 创建语言

与大多数数据库软件一样，PostgreSQL 具有命令行界面，可以让您执行 SQL 命令。许多数据库还具有图形化工具（如 pgadmin）来使 SQL 命令编写的各个方面更加自动化，但是最好在使用它们之前先学习使用纯 SQL，因为使用纯 SQL 可以始终准确地了解正在发生的情况。该处有为 ANPR_Camera 和 Detection 实体创建表的示例，该表指定其属性的类型。如上启动它们后，在 psql 提示符下键入这些命令：

```
1.   CREATE TABLE Detection (
2.     id serial PRIMARY KEY,
3.     camera integer NOT NULL,
4.     licencePlate text,
5.     confidence float,
6.     timestamp timestamp
7.   );
8.   CREATE TABLE ANPR_Camera (
9.     id serial PRIMARY KEY,
10.    site integer NOT NULL,
11.    frame_rate float,
12.    accuracy float
13.  );
```

按照通俗用法，表名称是关系类型的单数名称，如"Detection"，而不是其中包含的数据的复数"Detections"○。坚持通俗用法是很有用的，因为如果每个人都这样做，就会减少在同他人数据库工作时的失误。

您可以考虑一些有用的命令来检查表格是否被正确创建：

```
1.   \dt
2.   \d+ Detection
```

使用 less 来显示结果，可按 q 退出或按 Space 查看更多。原始类型包括表示文本字符串的文本（可变字符长度）；Timestamp 同时存储了时间和日期；checkbox（多选）数据；float（浮点——与实数近似）和 serial。serial 是一种特殊的整数类型，它会自动为每个新项目填充唯一编号，从 1 开始递增。它通常用于命名实体（包括此处）。主键是一个特殊命令，它告诉数据库此属性将用作唯一名称。

要销毁表（例如，当您犯了一个错误并想再次创建它时），请使用 DROP 命令。请注意，这也会删除表中存储的所有数据：

```
1.   DROP TABLE IF EXISTS Detection;
```

3.3.3　SQL 查询语言

要将数据插入数据库，请在创建表后使用 INSERT 命令：

```
1.   INSERT INTO Detection
2.     (camera, licencePlate, confidence, timestamp)
3.   VALUES (4, 'A01 NPR', 0.78, '2014-04-28:09:05:00');
4.   INSERT INTO ANPR_Camera
5.     (site, frame_rate, accuracy)
6.   VALUES (76, 50, 0.99);
```

请注意，当表格具有用于特殊序列的命名属性时，我们不用插入该值，因为它将自动填充。

○ 对于面向对象的程序员来说，这类似于为所有检测的类命名，如"Detection"。

当我们批量导入数据时，通常（快速）在单个查询中而不是几个小的查询中插入许多行数据。例如：

```
1.   INSERT INTO Detection
2.   (camera, licencePlate, confidence, timestamp)
3.   VALUES
4.   (3, 'A02 NPR', 0.53, '2014-04-28:09:12:14'),
5.   (4, 'A04 NPR', 0.28, '2014-04-28:09:17:35');
```

如果您需要多次插入，那么将它们与单个提交一起提交时，它们的运行速度将比单个提交更快。

要从数据库检索数据，需要使用 SELECT 命令，这通常是最常见的数据库命令。要从数据库中选择所有内容（"*"表示"所有"）：

```
1.   SELECT * FROM Detection;
```

通常，您的表格非常大，您只想查看样本，就如同前 10 个值一样，并按一个属性排序，诸如 timestamp：

```
1.   SELECT * FROM Detection ORDER BY timestamp LIMIT 2;
```

SQL 的真正功能来自查询，该查询检索特定的信息。例如，要选择一个属性值：

```
1.   SELECT * FROM Detection WHERE confidence>0.6;
```

或者删除特定的部分：

```
1.   DELETE FROM Detection WHERE licencePlate='A01 NPR';
```

按照 Codd 的模型，我们可以通过限制和加入现有关系的域来形成新的关系。限制很容易，我们只要求属性的子集而不是"全部"（如果您习惯了面向对象的编程，那么这似乎是一个奇怪的概念，因为结果是没有明确的"类"的关系）：

```
1.   SELECT (camera, licencePlate)
2.   FROM Detection
3.   WHERE confidence > 0.5;
```

联结是合并来自多个表的信息的查询。好的设计实践是制作许多小表，而且这些小表将有关实体的信息尽可能地逐层推进。要恢复该信息，您需要联结。联结在计算上很复杂，但是由于封装的原因，我们在这里不必关心计算问题，我们只需数据库为我们完成任务即可！联结使用实体名称，这些名称通常是唯一的数字 ID，例如此处的 ANPR_Camera 的 id 属性。通过将这些表与外部产品结合在一起，然后将所有组合的集合设定为我们感兴趣的组合，则可以从一个更大的新型关系中检索数据：（更多实例可以参考 https：//www.postgresql.org/docs/8.3/tutorial – join.html）

```
1.   SELECT * FROM Detection
2.   LEFT OUTER JOIN ANPR_camera
3.   ON (Detection.camera = ANPR_camera.id);
```

SQL 可以为不同的数据组计算并返回合计值，如总计和平均值。例如，以下将计算每个摄像头所有检测的平均置信度：

```
1.    SELECT camera, AVG(confidence) AS mean_confidence
2.    FROM Detection
3.    GROUP BY camera;
```

特别地，一个常见的习惯用法是设定表中的总行数，以衡量我们有多少数据（其中 COUNT 是一个聚合器，用于统计条目数）：

```
1.    SELECT COUNT(*) from Detection;
```

SQL 是一种复杂的语言，具有更多的操作和组合方式，但是许多有用的程序仅使用上述命令的子集。SQL 是很有层次结构的，因此您可以编写如下代码：

```
1.    SELECT * FROM (SELECT * FROM Detection
2.    LEFT OUTER JOIN ANPR_camera
3.    ON (Detection.camera = ANPR_camera.id)) AS foo
4.    WHERE confidence>0.5 AND camera=3;
```

即便这样的分层 SQL 查询非常大，它们也可以非常快地运行，并且通常比使用几个较小的查询来达到相同的效果要快。

3.3.4　SQL 和 Python 的连接

SQL 命令行对于测试和检查数据库很有用，但是为了对数据库进行更严谨的操作，我们通常使用另一种编程语言来自动准备和执行 SQL 命令。

要实现 Python 与 PostgreSQL 的连接，可以使用库 psycopg2[1]。这将使用两个 Python 变量，分别表示与数据库的连接（即整个交互会话的状态）和一个光标，其中光标包含您在数据库中的当前位置以及从数据库得到的结果。使用 Python 进行设置（例如，在 Spyder 的 IPython 命令行中键入）：

```
1.    import psycopg2
2.    con = psycopg2.connect(database='mydatabasename', user='root')
3.    cur = con.cursor()
```

使用 psycopg2 从数据库读取到 Python 列表并打印结果的最基本操作如下所示（我们稍后将使用 Pandas 库替换此简单方法）：

```
1.    sql = "SELECT * FROM Detection;"
2.    cur.execute(sql)
3.    mylist = cur.fetchall()
```

要执行 SQL 插入命令（或其他任何能更改数据库的命令），我们既要"执行"又要"提交"它。这被称为"交易"，是一项安全功能。假设我们正在运行一个银行账户数据库，并且想要将钱从账户 A 转移到账户 B。如果我们依次给出两个命令，即从 A 中取出钱，然后将其添加到 B 中，但是在命令 A 之后停电了，那么这笔钱就会从系统中消失。通过交易，我们可以在数据库的"安全副本"中一起执行几个这样的命令，然后仅使用完成的操作，将全部结果放入实时数据库中并且提交：

---

[1] 发音为"psycho–P–G–two"。"psycho"是某些版本的 Python 内部软件的名称；"PG"是用于 Postgres 的。

```
1.    sql = "INSERT INTO Detection \
            (camera, licencePlate, confidence, timestamp) \
            VALUES (9, 'A06 NPR', 0.78, '2014-04-28:10:18:21');"
2.    cur.execute(sql)
3.    con.commit()
```

有关使用此脚本加载 CSV 文件，解析该文件并将数据插入 PostgreSQL 的 Python 脚本示例，请参阅 Docker 镜像中的 PySQL.py。这里主要的烦琐问题之一通常是我们在 Python 和 SQL 之间移动时更改变量的格式，例如，您将看到许多重新格式化日期和时间的命令。在下一章中，我们将更多地讨论这种"数据处理"。

3.3.5　导入车载蓝牙数据

德比郡县议会在其道路网络周围维护着一个蓝牙传感器网络，该网络可以检测并记录支持蓝牙设备（如手机和车载收音机）。蓝牙是一种短距离无线电通信协议，通常用于将流媒体音乐从手机传输到车载收音机和其他设备。蓝牙协议的一部分由每个设备定期公开发送其唯一的标识符代码（称为"蓝牙 MAC⊖ 地址"）组成。为了进行传输分析，检测这些唯一 ID 的行为与 ANPR 数据相似。通过跟踪检测痕迹，它们可用于跟踪网络上的各个车辆（但无法根据车主姓名等其他数据识别车辆 ID，除非与其他链接数据相融合）。在这里，我们将处理一个传感器一天的日志文件⊖。

任务：

文件中提供了所有传感器的位置：

~/data/dcc/web_bluetooth_sites.csv

给出了一天中单个传感器的检测结果：

~/data/dcc/bluetooth/vdFeb14_MAC000010100.csv

每个检测都由时间、传感器站点和车辆组成，并且每个站点都有一个位置和名称⊖。

设计数据库结构以对该数据进行建模。使用 PostgreSQL 命令实现数据库结构。

编写 Python 代码以解析 DCC 数据并将其插入 PostgreSQL。

在 PostgreSQL 中使用 SQL 查询来查询数据库并报告一些有趣的发现。

3.4　延伸阅读

关系模型的原始来源：

- Codd (1970) A relational model of data for large shared data banks. Commun ACM 13 (6).

⊖　MAC 源于媒体访问控制（Media Access Control）。

⊖　在撰写本文时，一些手机制造商设计他们的手机每天发出相同的 ID，而另一些制造商开始每天随机发送一次，以使长期跟踪他们的用户更加困难（但并非不可能）。

⊖　它提供的蓝牙检测数据是基于德比郡议会的真实数据，但为了防止个人身份被识别，它已经在公开发布的文件中进行了哈希处理。经过哈希处理的版本看起来与真实的蓝牙数据相似，并将大致准确地反映真实的德比郡交通情况，但由于哈希处理的原因，可能会高估匹配的车辆对。根据数据保护协议，在 ITS 利兹课程的学生可以访问未加密的数据，以建立更准确的模型。

一部涵盖数据库设计和系统以及 SQL 编程的好教科书：
- Connolly, Begg (2014) Database systems: a practical approach to design, implementation, and management. 6th edn. Addison Wesley.

在网络和编程书籍中都有许多"24h 内自学 SQL"类型的教程。这些往往只专注于 SQL 中的编程教学，而没有考虑太多背后的概念性问题。

如果您想进一步了解哲学本体论，那么一个很好的起点是：
- Roger Scruton (2004) Modern philosophy: an introduction and survey. Pimlico.

第 4 章

数据准备

在到目前为止的实际示例中,我们已经从 CSV 文件中读取数据,将其放入 SQL 查询中,并将其插入数据库中。通常,这三个步骤的过程称为 ETL,即提取(Extract)、转换(Transform)和加载(Load)。提取意味着从某些非数据库文件中获取数据。转换意味着转换数据来使其匹配我们的本体和类型系统。加载是指将其加载到数据库中。ETL 通常是大规模执行的,许多计算机同时在多个数据源上执行各个步骤。例如,当传输客户端向您发送包含 1TB 流量传感器数据的硬盘时,就会用到 ETL。在"大数据"操作中,转换步骤可能不那么重要,因为这里的理念是仅在运行时担心本体,并在数据到达时以可以管理的任何形式存储数据。因此,提取步骤往往是最重要和最复杂的。提取有很多著名的别称,如"数据处理""数据管理""数据清理"和"数据整理"。这是一个低级但非常重要的技能,很容易占用数据科学家工作时间的一半或更多。因为它非常重要,所以我们在本章专门研究如何正确地处理数据。但是这项工作通常做得很糟糕,导致后期可能还会付出高昂的代价,例如,当您的客户意识到您由于不小心交换了美国格式事件数据的日期和月份而导致整个价值数百万美元的分析是错误的时候,就可能会导致此类问题。最著名的数据格式灾难事故是"千年虫(The Millennium Bug)",据估计,清理千年虫花费了数千亿美元,原因是每个格式化日期省略了两个文本字符,导致 2000 年被误认为 1900 年。

4.1 数据获取

处理大型数据集时,我们需要使用大型 SI(度量标准,而非二进制)单位,见表 4.1。

表 4.1 大型 SI 词头

名称	符号	值
千	k	10^3
兆	M	10^6
吉	G	10^9
太	T	10^{12}
拍	P	10^{15}
艾	E	10^{18}
泽	Z	10^{21}

2018 年的消费类硬盘存储单位为 TB；一个大型计算集群存储单位为 PB；世界上最大的公司数据中心存储单位为 EB。据估计，2017 年全球所有数据大约需要 3ZB。在全球各地移动 TB 级或更大数据的最有效方法是使用硬盘，然后将它们放在货车或飞机上。我们通常通过在国家之间邮寄硬盘包裹来移动研究数据。亚马逊最近推出了基于货车的数据传输服务"AWS Snowmobile"，它将以物理形式收集数据并将其上传到自己的服务器上，用户可以通过互联网移动小于 1TB 的数据。现在，许多政府在其网页（如 https：//data.gov.uk/）上免费提供公共数据。包括英国在内的许多国家也有"信息自由"法，这允许您让政府向您提供大部分离线数据。通过互联网传输数据的常见方法包括：

- 手动访问网页，然后单击链接通过浏览器下载单个文件。
- wget 命令，与手动单击一样，但以编程方式执行相同的基于 http 的下载。
- ftp/sftp 是非网络协议命令，仅用于文件传输。
- rsync 是一种主要用于同步两台远程计算机上的数据的工具，通过在它们之间只传输更改来减少带宽。如果服务器正在运行 rsync 服务，那么这也是一种不错的下载方式。
- 从人类很难读懂的网站（见下文）中抓取数据，Selenium 是一种很好的工具，它可以自动移动鼠标和键盘来"欺骗"人类用户。

4.2 基本文本处理

许多简单的文本文件不需要任何高级工具就可以处理。我们已经看到了一些内置的 Python 函数，它们可以执行有效的基本文本处理，例如：

```
1.    for line in open('filename.csv'):
2.        line=line.strip()
3.        fields = line.split(',')
4.        text = fields[0].upper()
5.        print(text)
```

这种处理的主要规则是：不要将整个文件保存在内存中，一次只能处理一行。如果您尝试读取全部内容，然后将其写入数据库，那么这样通常会最大限度地消耗计算机内存。Python 和其他语言的基于行的读取命令可以使您一次遍历一行来轻松地使用它们。

- 这种方法的局限性是什么？可以解析德比郡的数据吗？

4.3 格式语法：乔姆斯基层次结构

对我们来说，最接近数据处理学术理论的内容是格式语法，这些语法按乔姆斯基层次结构进行分类。从历史上看，它们被用于证明关于不同类型计算设备的可执行内容定理，图灵机是最通用的计算机，而其他自动机，如有限状态机（Finite State Machine，FSM）和下推式自动机（Pushdown Automata，PA），其功能明显较弱。您可能看过语言学书籍，试图写下英语等语言的语法"规则"，其格式为：

```
1.    SENTENCE -> NOUN-PHRASE, VERB-PHRASE, NOUN-PHRASE
2.    NOUN-PHRASE -> DETERMINER, ADJECTIVE, NOUN
3.    NOUN-PHRASE -> NOUN
4.    VERB-PHRASE -> ADVERB, VERB
5.    DETERMINER -> the, a
6.    NOUN -> car, truck, road, driver
7.    VERB -> overtakes, parks, drives
```

上面的规则构成格式语法的一部分，格式语法定义了可以从中生成的一组字符串（称为语言）。同样，语法还指定了机器的行为，如果该机器可以处理并识别出该机器中的所有字符串，则它被称为"接受"该语言。不同类型的机器可以实现对不同类型语法的接受。

4.3.1 正则语言（类型3）

乔姆斯基层次结构中最简单（且功能最弱）的语法类型是"正则语言"。这些由有限状态机生成和接受，可以被视为代表状态的节点网络，当我们在有限状态机的状态之间移动时，它们发出（或接受）字符。图 4.1 所示的 FSM 可以输出（或接受）字符串，如"a""ab""abbb""abbbbbb"（它也可能陷入右下角的状态中，但是只有在我们到达"最终状态"并决定停止时才输出字符串）。

- 您可以设计一个接受英国车牌号码的 FSM 吗？

FSM 通常用于自动驾驶汽车之类的机器人控制应用中，但通常无法直接使用它们来解析文本文件。相反，诸如 Python 和 Bash 之类的语言提供了工具来表达称为正则表达式的等效识别器，通常缩写为"regex"或"regexp"。在内部，可以将它们编译为 FSM，但在外部，它们向程序员显示更简单的语法。例如，上面的语言可以用 ab * 表示，意思是"一个 a 后跟任意数量的 b（包括零个）"。该星号有时被称为"Kleene star"，以它的发明者命名。

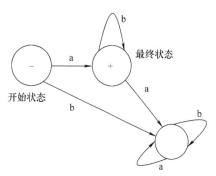

图 4.1 有限状态机（FSM）

ab + 表示"a 后跟一个或多个 b"。

a［bc］表示"a 后跟 b 或 c"（有时写为 a［b/c］）。

a（［bc］）* 表示"生成/接受字符串"，例如，abcbcbc、abbbbbcc、abbb、accc、a。

regex 工具的设计人员已经同意了其他各种标准符号，包括"."匹配任何字符，\d 或 [0-9] 匹配任何数字，\s 匹配任何空白字符，\S 匹配任何非空白字符。

假设我们有一个文本文件，其中的行包含属性名和值对，例如：

```
1.    name: car1 , speed: 65.5 , driver: alan
2.    name: car2 , speed: 62.5 , driver: stephen
3.    name: car2 , speed: 62.5 , registration_year: 2002, driver: noam
```

我们可以使用（（[a-z]: \s*\S+\s*, \s*）+）等正则表达式对这些行进行建模和识别。正则表达式看上去很吓人，但它是描述常规语言的一种非常简洁实用的方法——比直接实现 FSM 容易得多。

在 Python 中，正则表达式由 re 库实现。它们还存在于 Bash 命令（语法略有不同）、大多数其他语言（尤其是 Perl，大量使用了它们）以及 sed 和 awk 命令行工具中。

4.3.2 上下文无关语言（类型2）

有时，FSM 和正则表达式的功能不足以描述您的输入数据文件，因此您需要转到下一个最复杂的语言模型。发生这种情况的一种常见情形是，您的数据以某种层次结构到达时，您需要重点关注括号和花括号等符号并确保它们匹配。例如，FSM 无法识别诸如（（（hello）））、（hello（world））、（car1（driver（alan），speed（60））、car2（driver（person（name（stephen））、age（27）））等字符串语言。这种表示形式在 XML 和 HTML 等结构化和面向对象（非关系）数据语言中很常见。

在计算理论中，可以接受这些信息的机器类型被称为下推自动机。这就像 FMS 添加了"内存"，可用于跟踪过去看到的括号。与 FSM 一样，我们通常不直接实现下推自动机，也不在乎它们的工作方式（一种设想或实现它们的方式是递归 FSM，其中 FSM 中的每个状态都可以扩展为另一个完整的 FSM），但是有一种等效的结构可以更轻松地描述它们，称为上下文无关语法（Context Free Grammar，CFG）。上一节中的简单英语模型是 CFG 的（部分）示例。它的定义特征是每个规则的左侧仅包含一个符号，而右侧可能包含多个符号。通过指定此类 CFG 规则的列表，程序员可以将其传递给软件解析工具，该工具会将其编译为下推自动机式编译器，并使用它们自动识别语言。这是非常强大的功能，例如仅通过输入上面的英语语法，我们就可以了解大量英语句子的结构，这些结构可以用于为手机实现自然语言或语音识别接口等交通应用。另一个常见的用途是使用语法来从 HTML 网页"抓取"数据，例如：

```
1.   WEB_PAGE = HEAD, BODY
2.   BODY = DATA_TABLE*
3.   DATA_TABLE = COLUMN_HEADS, ROWS
4.   COLUMN_HEADS = (fieldName,)*
5.   ROWROWS=ROW*
6.   ROW = (fieldValue)*
```

通常，您可以使用以下命令以编程方式检索网页的文本后执行此操作：

```
1.   $ wget http://www.mysite.com/index.html
```

请注意，以这种方式抓取他人的网络数据可能是不合法或者不道德的！特别是，某些网站可能会尝试检测您这样的做法，并采取对策，例如禁止您访问其服务器或（更明显地）默默地切换为向您提供错误的信息界面。例如，如果我要提供商业交通数据的应用程序，那么我希望人类用户可以看到我的数据，但是我不希望有人窃取所有数据并将其用于提供竞争性服务。然后，盗窃者可以采取反措施掩盖数据盗窃企图，依此类推。猫鼠游戏非常讨厌——尽管通常酬劳很高，并且对于某些心态的人来说玩这种游戏很有趣。特别是如果您要为公共网络应用程序提供数据库后端，那么您将需要采取额外的安全措施来防止"注入攻击"，其中攻击者在其输入字符串时使用标点符号将可运行的代码注入 SQL 查询，从而可能访问您的数据库。

4.3.3 CFG 以外的类型（类型 1 和类型 0）

正常数据提取比 CFG 需要更多的功率，这是不寻常的。通常仅在考虑复杂语言（如计算机编程语言、音乐和自然语言）时才使用高级语法。但是，现代数据科学越来越对从自然语言（如社交媒体供稿）中提取信息感兴趣，因此它们可能会变得越来越流行。简要概述一下：可以使用类似于 CFG 的规则编写上下文相关语法（Context-Sensitive Grammars，CSG）（类型1），但是允许在左侧进行模式匹配以及替换。即规则是否允许取决于周围的环境。例如，这些规则能使 NOUN-PHASE 对定冠词（"the"）和不定冠词（"a"）进行不同的扩展：

```
1.   the NOUN-PHRASE -> the ADJECTIVE, NOUN
2.   a NOUN-PHRASE -> a NOUN
```

通常，"递归可枚举"语言（类型 0）是可以由任意计算机程序（图灵机）生成和接受的语言。与其他语法不同，计算理论在这一点上发挥了作用，可以证明它们不可能完美地工作，因为总是有可能创建使计算机陷入无限循环而不给出任何答案的案例。

在实践中，大多数"正则表达式"和 CFG 库实际上实现机器的乔姆斯基级别比其名称所暗示的要高。在其上面通常会发现 CFG 和 CSG 的特征。

4.4 特殊类型

4.4.1 字符串和数值

我们来谈谈文本。虽然高级本体是处理实体之间关系的象征，但它们的所有属性最终都会生成一些基本数据类型，如字符串和数字。正确执行这些操作很重要，因为它们会严重影响系统的运行速度。字符串表示为字符序列。在大多数系统中，每个字符都由一个字节（8位）的 ASCII 码表示，例如，字母 "A" 由数字 65（二进制 01000001）表示。大多数语言都具有在字符、字节、整数和二进制表示形式之间转换的功能。如果要处理包含非罗马字符的数据，则可能会使用较新的编码标准，该标准使用字节序列表示数千个国际字母、数学和其他字符。如果您知道字符串的长度是固定的并且在固定的位置上有信息，则字符串将更易于使用。例如，在 Python 中，您可以使用 mystring［9999］立即读取到字符串的第 9999 个字符。相反，如果您需要搜索字符串（如使用正则表达式），则将花费更长的时间。

数字通常在 PC 和服务器上以两种方式表示：整数和浮点数。整数长度（当下）通常为 32 或 64 位，除了第一位以外的所有位都用于存储数字，有时第一位用于存储其正负号。浮点数更加复杂，代表数字如 $3.44645635 \times 10^{34}$。如图 4.2 所示，它们不是存储所有有效数字，而是存储最高有效数字（尾数）加上指数和符号。

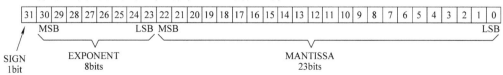

图 4.2　浮点的储存

对于处理器来说，浮点计算非常复杂，并且在嵌入式计算机上通常缺少浮点计算，如在传感器网络和 ANPR 摄像头中所见。

通常，您会获取到文本格式的数据，其中整数和字符串已由 ASCII 字符表示，例如"45.567"代表 45.567。对于计算机而言，它们表现得根本不像数字，其二进制值与算术特性关系不大。因此，您需要使用强制转换将它们转换为实际数字，例如在 Python 中：

```
1.    val = int(field)
2.    val = float(field)
```

一个常见的错误是忘记这一点，或者做错了，导致字符的 ASCII 为整数值，如 49 代表"1"，以算术值结尾。

4.4.2 日期和时间

根据作者的经验，格式化日期和时间可能会占据现实生活中数据科学家 50% 的时间，尤其是当其他人已经做错时，那么让我们从一开始就把这个工作做好！

日期和时间具有复杂的结构和历史。由于交通运输需要，出现了许多时间标准。在铁路出现之前，英国每个城市都保持着自己的标准，即通过参考物理上的正午来定义，也就是太阳在该城市到达最高峰的瞬间。格林尼治标准时间（GMT）的定义为每天 12:00 是伦敦格林尼治子午线上的实际中午，而牛津时间则是格林尼治标准时间之后 5′2″，此时牛津的太阳最高。GMT 在全英国范围内被采用（除了保留牛津时间的牛津基督教会），以使铁路时刻表可以在一个时区运行。

现在世界已经全球化，我们面临着类似的问题，即在地球各地的较大时区之间进行转换。协调世界时（UTC）是现代的全球标准，但它尽管它是通过参考原子钟而不是格林尼治标准时间来精确定义的，实际上与格林尼治标准时间（GMT）等同。与 UTC 相关的世界时区通常通过整点时移，但不总是这样。例如，伊朗、阿富汗和朝鲜的时间相对 UTC 就有时差。

日期和时间最终参考的是天体的物理运动（虽然不再由其定义），尽管这些运动不是很有规律。今天使用的基本时分结构来自古代的美索不达米亚，至少从公元前 1500 年开始，那时通常用 60 进制进行算术（实际上比 10 进制要好得多，因为它可以用许多更有用的方式进行分解，包括 5×12）。为了与天文保持同步，日期和时间会在闰年、闰秒和其他较小调整中以特殊的方式移动。如果您的一个系统纠正了这些错误，而另一个系统没有纠正这些错误，那么将会出现糟糕的情况。例如，估计两个 ANPR 摄像头检测到的汽车速度（其中一个未包含闰秒），可能会导致出现速度是否合法的判断差异，甚至会引起诉讼。如果您需要使用几个世纪前的旧数据（如人口和气候模型），请记住日历标准在历史上已经发生过几次更改，例如，英国人从 1752 年删除了 11 天，因此一个好的日期库必须包括这些转换。在处理 GPS 定位时，相对论的影响可以忽略不计——时间本身在快速移动的卫星上比在地球上流逝的速度更慢，潜在的影响与 RTK 精度差不多！在其他应用程序中，工作日和日历日之间的差异很重要。例如，在安排工作时，我们希望以"工作日"为单位，而一年中大约有 250 个工作日，而不是 365 个。

包括法国革命者等各种各样的人都试图用十进制和其他表示形式简化这些结构，但在日常使用中都失败了。然而，时间的标准单位是秒，而在计算机数据中同时表示日期和时间的一种常见方式是自 1970 年 1 月 1 日开始的"纪元"以来的秒数，这定义了计算机时代的"诞生"。

大多数现代系统都会通过提供预构建的 Date、Time 和 DateTime 数据类型来将程序员与日期和时间的内部表示隔离开。举例来说，这些时间可能代表了自该纪元以来的内部时间，但允许您通过人类可读的格式（如"01-03-2014 09：35：33.565 CET"）与其交互。

世界各地的时间是不同的，包括收集数据的位置、制造传感器的位置、制造计算机的位置、存储数据的服务器以及您和您的云服务器所在工作的位置（在云端，您甚至可能不知道服务器所在的国家）。许多地区在夏季和冬季两种时间标准之间切换，如英国的 GMT/BST。他们不会在同一天完成所有这些工作。处理时区的方法包括：

- 始终将其存储为标准 UTC。
- 将所有时间存储在收集数据的标准中。
- 每次存储一个带有指定时区的额外字段。

对于交通运输系统来说，一个特定的危险是，在设计它们时，是基于本地时间以便在单一地点使用的，然后试图将它们出口到其他国家，以便在其工作时牟利。同样，在内部，许多工具会占用您的时区并将所有内容转换为 UTC 或纪元时间，但是在与它们进行交互时，您需要考虑公共约定。使用您的编程语言的库——请勿尝试自己进行转换！

最危险的时间问题是美国日期格式，传统上将其写为 MM-DD-YYYY 而不是 DD-MM-YYYY。这可能会严重破坏您的系统和职业生涯，因为它可能会不被注意并导致导入 1TB 毫无意义的垃圾！您写日期的唯一方法应是"2014-01-15"或"2014-Jan-15"。如果您仅了解有关数据处理的一件事，那就应该是这个！

4.4.3 美国国家海洋电子协会（NMEA）格式

卫星定位（包括 GPS）数据在交通运输中特别重要。我们将在下一章中详细讨论该数据，本节仅简要介绍一下其格式。

大多数物理传感器设备都带有串行端口，该串行端口将文本行分成 ASCII 字符（字节）并以比特流的形式传输到计算机。如果将探针插入其串行端口电缆中，则实际上可以看到电压随时间变化的 0 和 1。来自大多数 GPS 类型设备的数据格式称为 NMEA，看起来很像 CSV 文件，其行如下：

1. `$GPGGA,123519,4807.038,N,01131.000,E,1,08,0.9,545.4,M,46.9,M,,*47`

随着时间的推移，您通常会收到日志文件，其中记录了大量这样的行。其中，第一个符号是数据类型。GNSS 非常复杂，会产生大量有关单个卫星和精度的信息，但是以"GPGGA"开头的行会提供实际位置的最佳摘要，就像您在汽车导航中看到的那样。第二个字段是使用 UTC 时间的 HHMMSS 字符串格式的时间戳。第三和第五个字段是字符串形式的经纬度（以度为单位）。通常，您将过滤 NMEA 日志文件以获取 GPGGA 行，然后提取这三个字段。

4.5 通用格式

除文本和 CSV 文件外，有时您还会获得结构化的网络数据文件，如 XML、JSON 和 HTML。"Web 3.0"被认为是一种语义结构化数据，而不仅仅是人类可读网页——在互联网上传输的世界。但是，它从来没有得到很好的定义，并且大多数工作都遇到了我们前面讨论的本体问题，这些问题阻止了它们之间的彼此交互。但是，现在有一些用于专业领域的标准本体，这些本体大多以 XML 编写，这可能会很有用。XML 使用面向对象（非关系）模型将分层对象中的数据序列化为类似 HTML 的语法，例如：

```
1.    <guestbook><guest><fname>Terje</fname><lname>Beck</lname></guest>
2.    <guest><fname>Jan</fname><lname>Refsnes</lname></guest><guest>
3.    <fname>Torleif</fname><lname>Rasmussen</lname></guest><guest>
4.    <fname>anton</fname><lname>chek</lname></guest><guest><fname>
5.    stale</fname><lname>refsnes</lname></guest><guest><fname>hari
6.    </fname><lname>prawin</lname></guest><guest><fname>Hege
7.    </fname><lname>Refsnes</lname></guest></guestbook>
```

JSON 可以做同样的事情，但是看起来却不像 HTML，例如：

```
1.    {"menu": { "id": "file", "value": "File", "popup":
2.    { "menuitem": [ {"value": "New", "onclick": "CreateNewDoc()"},
3.    {"value": "Open", "onclick": "OpenDoc()"},
4.    {"value": "Close", "onclick": "CloseDoc()"} ] } }}
```

有针对这些格式的标准解析工具，这意味着您不必编写自己的 CFG——对于 Python，请参阅其 Beautiful Soup 库。

如果您使用的是面向对象的代码，那么它们是读取和写入数据不错的格式，并且大多数语言都有自动执行此操作的库。但是——正如"数据库设计"一章中讨论的那样——对象与关系数据之间的映射可能会变得很混乱。一种常见的方法是限制您的关系模型，以便每个关系都描述一个类，并且表中的每一行都是一个对象。如果这样去做，那么就会存在可以在 SQL 和对象之间以多种语言自动进行转换的库（尽管您失去了关系模型分割和添加关系的能力）。

一些数据以非结构化的、人际交流的形式被获取，例如大量社交媒体对话数据中的英语句子或呼叫中心的录音。用于有限域和说话者的现代语音识别可以接近人类的转录水平，从而将音频转换为自然语言文本，但是很难将自然语言转换为结构化数据。解析方法虽然理论上很完美，但在实践中往往会中断。因此倾向于使用更简单的"基于框架"统计的方法。例如，我们（作为人类程序员）可能会定义特定的定型事件，如"预订火车票"或"报告交通拥堵"。然后可以通过查找特定的关键字，以及从围绕关键字的简单规则中提取出的数字或值来查找这些关键词。基于"真实"解析的语言处理仍然是一个活跃的研究领域，令人沮丧的是，它与这些更"笨拙"的方法相比不具有竞争优势——然而，IBM 的沃森声称，通过将其与基于统计框架的方法（例如，使用沃森物联网平台云分析来搜索车辆远程信息分析报告）相结合，能够取得进展。

4.6 数据清洗

导入数据后，检查数据并修复所有存在的问题非常重要。对于检查来说，运行各种"健全性检查"以确保数据具有您认为应具有的属性很有用。例如，计算属性的均值和方差，或绘制其分布；计算或绘制属性之间的相关结构；在时间和空间上绘制图形。与您的客户一起了解数据并定义检查，这是探索和处理数据以获取数据处理方式的好时机。

就像在应该有结构的地方没有看到结构一样，错误导入的另一个警告信号是在不应该有结构的地方看到了结构。如果您认为某个变量在某种意义上是"随机的"，然而显示出可预测性，则可能出现了问题。一个常见的原因是在错误的类型转换后导入数据，这可能会作用于二进制数据以引入结构。有多种"随机检测器"工具通过将标准统计数据库应用于数据，为您提供有关何时数据不是随机数据的线索（请注意，不可能完全证明数据是"随机的"，只有在不是这样的情况下才能证明，因为总会有一些更复杂的统计数据尝试显示结构）。

一个常见的问题是缺少数据。这可能显示为"null"或"NaN"（"不是一个数"）值，并且会对诸如计算工具之类的算术运算造成破坏。单个"NaN"将会引起混乱，并使基于它的所有计算也成为"NaN"。众所周知，处理丢失的数据非常棘手，常用方法包括：

- 将所有缺失值设置为 0（不好，因为它将使包含它们的统计信息扭曲）。
- 将所有缺失值设置为良好值的均值（好一些，但会歪曲方差和其他统计信息）。
- 估计您关心的所有统计信息的值，并从此分布中抽样缺失的变量（这是 EM 算法的一种简单形式，对于交通运输通常是一种有用的方法）。
- 将它们保留为 NaN，并确保所有算法都有特定的替代方法来处理它们（这需要最多的工作）。

金融系统通常采用最后一种方法，例如在使用交通运输来建模客户行为并从中预测销售和股票价格时。这是因为财务数据由竞争非常激烈的机器学习研究人员使用，必须假定他们能够找到和利用数据中的任何可能模式。任何使用算法填充缺失数据的尝试都会引入一些人为的结构，学习算法可以利用这些人为的结构并加以研究，以在历史交易模拟中提供漂亮但虚假的性能。有时，现实世界中的系统无论如何都必须要处理缺失的值。例如，当证券交易所暂停股票交易时，实际上再也无法进行交易了。

4.7 B+树的实现

大多数数据库系统设计可以留给编写数据库程序（如 Postgres）的计算机科学家。不同的程序使用不同的结构表示数据。但是，几乎所有人都使用特定的结构——"B+树"，它对于加速 SQL 查询很有用。回想一下，如果我们将 N 个数据存储在一行文本中并想要搜索其中一个数据，则需要花费 $O(N)$ 的时间才能找到它（"O"表示"顺序"）。但是，如果数据具有唯一的、有序的键（如车牌或公民 ID），则我们可以形成代表键顺序的各种类型的树结构。使用树，可以以 $O(\log n)$ 时间中定位它。B+树是一种特殊类型的树，如图 4.3 所示。

- 尝试搜索数据"65"——需要执行几个步骤？

为了告诉数据库使用这种结构，我们在表中创建索引。可以在 SQL 中使用 CREATE 命令完成此操作，也可以在数据加载后执行。在上一节的 CREATE 操作中，我们看到了将索引作为 PRIMARY KEY 命令的示例。可以将索引放置在任意多个字段上，而不仅仅是主键。但是，每个索引可能会在硬盘上占用大量空间，并且需要花费一些时间（如几周）来创建。如果您被雇来加速数据库，那么这样做会非常快速、轻松并且为您赢得高薪的报酬！

索引是数据库内建的一种冗余形式，以存储空间换取速度。冗余还有其他形式。虽然关系理论建议不要存储重复信息，但经常使用"多维数据集"（也被称为"OLAP 多维数据集"，On-line Analytic Processing），这是为在一个地方缓存来自多个规范化表的数据而额外设置的表。

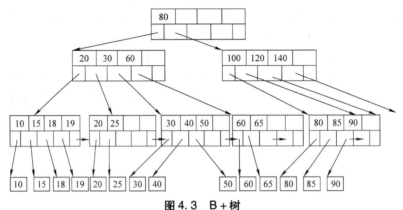

图 4.3　B+树

4.8　练习

4.8.1　用 Pandas 读取数据库

到目前为止，我们已经使用 Python 将数据插入数据库，但尚未读取数据。有几种不同的阅读方式，有时还会出现新的包装，包括：

- 最基本的命令是 cur.fetchall()，它将查询的结果作为基本的 Python 列表返回。
- Pandas 库提供了更高级别的接口，可将数据直接读入数据框，如下例所示：

```
1.   import pandas as pd
2.   con = psycopg2.connect(database='mydatabasename', user='root')
3.   sql ='SELECT * FROM Detecti'%s'on;'
4.   dataFrame = pd.read_sql_query(sql,con)
```

尝试使用 Pandas 从上一章的练习中检索数据[○]。

4.8.2　printf 表示法

一种被称为"printf"表示法[○]的 Python 语法可让您将变量插入这样的字符串中，对于

[○] Pandas 有许多强大的特性，可以在 Python 内部执行类似 SQL 的操作，并帮助清理数据。有关 SQL 和 Pandas 之间的代码转换，请参见 http://pandas.pydata.org/pandas-docs/stable/comparison_with_sql.html。您也可以使用像 pandasql 这样的转换器，它允许您在数据上运行实际的 SQL 语法，而不使用数据库。您还可以参考第 2 章中的表，了解一些用于交通运输应用程序的有用的 Pandas 命令。

[○] 在类似 C 语言的 printf 命令中读作 "print F"。

处理 SQL 字符串特别有用：

```
1.   my_str="michael knight"
2.   my_int=32
3.   my_float=1.92
4.   s = "name: %s, age: %d years, height: %f"%(my_str, my_int, my_float)
```

使用此语法尝试上一章中的一些练习。

4.8.3 DateTimes

下面是一些使用 Python 的 datetime 库处理日期和时间的基本 Python 命令，完整的教程请参见 https://www.tutorialscollection.com/faq/python-datetime-how-to-work-with-date-and-time-in-python/（请注意，DateTimes 在 Python 中被称为"DateTime"，在 PostgreSQL 中被称为"timestamp"）。

```
1.   import datetime
2.   dt = datetime.datetime.strptime('2017-02-11_13:00:35.067' , \
3.   "%Y-%m-%d_%H:%M:%S.%f" )
4.   dt.strftime("%Y-%m-%d_%H:%M:%S")
5.   delta = dt-datetime.datetime.now()
6.   delta = datetime.timedelta(milliseconds=500)
7.   str(delta)
8.   delta.total_seconds()
```

下面是一个常见的 Python-SQL 惯用法，用于更新到某一时刻的最新值：

```
1.   sql="SELECT * FROM Detection WHERE timestamp<'%s' \
2.   ORDER BY timestamp DESC LIMIT 1;"%dt
```

4.8.4 时间的偏差与校正

有时，您可能需要批量进行此操作——将一个时间序列的所有值与另一个时间序列对齐。像上面的 SQL 一样迭代很多命令是可行的，但是会很慢。作为单个 SQL 查询执行此操作是可行的，但非常复杂，而在为时间戳列建立索引时使用 Pandas 的重新采样和联结方法要容易得多（这里我们用 Pandas 而不是在数据库中创建索引）：

```
1.   df_A = df_A.set_index(['timestamp'])
2.   df_B = df.B_index(['timestamp'])
3.   df_B = df_B.resample(df_A)
4.   df_C = df_A.join(df_B)
```

对于交通数据，从位置的时间序列计算速度（和加速度）是很常见的，可以通过如下所示的方法使用 Pandas（但注意它引入了一个 NaN 作为初始速度）：

```
1.   df['dt']=(df['timestamp']-\
2.   df['timestamp'].shift(1))/np.timedelta64(1,'s')
3.   df['speed'] = (df['pos']-df['pos'].shift(1))/df['dt']
```

在数据库中创建一些表，再从它们中加载数据框，然后使用它们测试重新采样并加快计算。

4.8.5 数据匹配

使用 Python 的 re 正则表达式库，匹配一些示例数据行字符串：

```
1.    import re
2.    print(re.match("(\d+) , (\d+)", "123 , 456").groups())
```

这里给出了括号中所有匹配项的列表，在本列中为"123"和"456"。

尝试匹配"Hello Michael"之类的句子以提取此人的姓名。使它与具有名和姓的名字匹配，如"Michael Knight"。然后添加可选的称号和中间首字母，如"Mr. Michael A. Long"。

这次试着使用 re. match 从上一章的德比郡蓝牙数据中匹配并提取行。其完整的语法说明见 https：//docs. python. org/2/howto/regex. html。这会比使用以前的原始文本操作更快或更愉快吗？

如果您想快速搜索和替换文件，则使用终端命令行（而非 IPython）sed 工具，正则表达式也非常有用：

```
1.    $ cat input.txt | sed 's:long:knight:' > output.txt
```

尝试使用 PyParsing CFG 匹配简单的问候语，如"Hello Michael"：

```
1.    from pyparsing import Word, alphas
2.    greet = Word( alphas ) + "," + Word( alphas ) + "!"
3.    greeting = greet.parseString( "Hello, World!" )
4.    print(greeting)
```

现在尝试使用来自 PyParsing 的 CFG 解析匹配 GPS 字符串：

```
1.    from pyparsing import *
2.    survey = "'GPS,PN1,LA52.125133215643,LN21.031048525561,EL116.898812'"
3.    number = Word(nums+'.').setParseAction(lambda t: float(t[0]))
4.    separator = Suppress(',')
5.    latitude = Suppress('LA';) + number
6.    longitude = Suppress('LN') + number
7.    elevation = Suppress('EL') + number
8.    line = (Suppress('GPS,PN1,')+latitude+separator+longitude+separator+elevation)
9.    print(line.parseString(survey))
```

试着构建一个小型自然语言匹配器，查找诸如"［数字/时间］、［公交车/火车］是［晚/准时/早/忙/满］"这样的推文。

4.8.6 车载蓝牙

在第 3 章的练习中，创建了数据库表并导入了德比郡的蓝牙数据，这次使用 Pandas 导入，并使用 Python DateTime 和 SQL timestamp 类型正确存储 DateTimes。编写一个循环来从所有蓝牙传感器（而不仅仅是一个）导入数据。

4.9 延伸阅读

处理丢失数据的经典方法（虽然很少有人阅读所有内容，但每个人在职业生涯中至少应该看一眼）：

- Dempster AP, Laird NM, Rubin DB (1977) Maximum likelihood from incomplete data via the EM algorithm. J R Stat Soc Ser B 39 (1): 1 - 38.
- 尝试在维基百科页面上学习期望最大化算法。该算法实际上非常简单，您只需以最佳猜测值填充缺失值，然后再次拟合模型并进行迭代。

如果您想进一步了解 B + 树如何实现索引，则可以浏览以下网址：

- https://www.youtube.com/watch? v = h6Mw7_S4ai0（正在运行的算法的动画）。

有关正则表达式的更多详细信息，请参见以下内容：

- Friedl JEF (2006) Mastering regular expressions. O'Reilly, US.

对语言、自动机和乔姆斯基层次结构进行全面的数学处理，包括图灵著名的计算结果：

- Lewis H, Papadimitriou CH (1997) Elements of the theory of computation. Prentice Hall, Upper Saddle River.

第 5 章　空间数据

交通数据通常与穿越时空的运动有关。第 4 章考虑了表示时间运动的复杂性,本章将讨论空间数据。

5.1　大地测量学

有关交通的问题通常涉及米和数千公里之间的距离。在小比例尺的情况下,可以使用简单的笛卡儿米表网格,不会出现任何问题,例如,对城市布局进行建模。在大比例尺的情况下,地球表面的曲率成为表示数据的重要因素。

基准(datum)是地球形状的模型[1]。地球的朴素模型假定它是一个完美的球体,其位置由纬度(北)和经度(东)两个坐标唯一地描述(尽管在两个极点上是多余的)。但是,真实的地球并不是一个球体,其整体形状更像一个椭球。而且,它并不是一个完美的椭圆体,而是在不同的位置表面都有凸起的表面不平坦的椭球体。可以使用多种定义了自身纬度-经度坐标系的可能的几何对象组合来逼近该形状。对于地球表面的特定区域来说,有些组合的精度比其他组合精度更高。如果您收到了以不同基准表示的数据,则需要将它们转换为一种标准格式。最常见的全球基准称为 WGS84(世界大地测量系统 1984)。ISO6709 标准定义,我们应始终将椭圆坐标写为(纬度,经度),有时也称为"经纬度",而不是"纬经度"[2]。

投影。通常使用更为方便的基准的平面 2D 投影而不是球面坐标。这种情况一般发生在我们感兴趣的是某个地区(如一个城市),但是已经使用全球坐标从国家级集合中接收了数据。因此,我们要选择一个点(如城市中心)作为原点,并将坐标投影到笛卡儿 x 和 y 中。此类投影地图的标准惯例是"x = 东方,y = 北方",从某个原点开始以 (x, y) 的顺序,以米为单位进行排列[3]。制作出完美的椭圆体平面投影是不可能的,因此任何投影都必须做出

---

[1] 这与偶尔使用拉丁语复数"data"的单数形式"datum"的意思不同。

[2] 这有点不幸,因为在处理 (x, y) 地图坐标时,我们经常希望是(水平,垂直)的顺序。由于这个原因,一些工具确实违反了 ISO 标准并使用 lonlat。它出现在 pyproj 中,如果您想直接将球坐标绘制为 plot(lons, lats),也可以使用它。要小心,因为这是常见的 bug 来源!

[3] 当处理车辆自己的参考框架(称为"自我中心"坐标)中表示的数据时,一个新出现的标准是"x = 向前,y = 向左",顺序为 (x, y)。这在一开始可能会让人感到困惑,因为您通常希望绘制图形时 x 指向上,而 y 指向左,例如在使用自动驾驶车辆模拟时。

一些折中。通常使用的一个很好的投影是通用横向墨卡托（Universal Transverse Mercator，UTM）系列中的一个。UTM 将地球的表面划分为州大小的区域，并为每个区域定义独立的投影，以最大限度地减少投影区域的变形。例如，UTM 用于英国军械测量局的国家网格[⊖]，也被称为"英国国家网格（British National Grid，BNG）"坐标系，然后使用字母和数字将国家分为分层网格，如图 5.1 所示。

如果使用的是国家间和洲际间的数据，如航班或航运路线，那么您可能希望停留在椭球坐标上而不是完全投影。在这种情况下，您可能还需要考虑高度坐标，并记住一个度数在不同高度下的投影距离不同。因为飞机必须爬升、下降以及绕 2D 地图移动，所以其物理长度比其地图投影更长一些——作为乘客，您可能已经观察到飞机空中速度和地面速度的不同。当山坡上的道路长于地图投影时，地面车辆也会出现类似的情况。

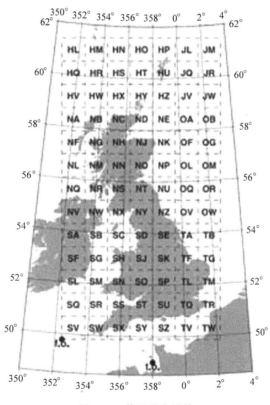

图 5.1　英国国家网格

如果您尝试合并来自两个来源的数据，但发现道路不完全对齐，则可能是由于基准/投影转换造成的。对于英国的数据，这往往会产生几米的位置偏移。

5.2　全球导航卫星系统（GNSS）

全球导航卫星系统（Global Navigation Satellite Systems，GNSS），包括最著名的美国的全

⊖　不要与不相干的英国电力分配公司——国家电网公司混淆。

球定位系统（Global Positioning System，GPS）以及可替代的 GLONASS（俄罗斯）、Galileo（欧洲）和北斗（中国）。GNSS 还可以引用来自其中一些系统的融合数据。随着新卫星的发射和升级，系统的细节会随着时间而变化，因此以下只是一个系统的草图。GNSS 是各国保留的重要军事资产，以防其他卫星瘫痪。随着各个国家都在制造反卫星武器，他们有可能将继续发射更多卫星以对所有系统进行冗余建造。对于交通运输研究人员来说，这样做的优势在于，在和平时期可以使用 4 个系统（每个系统都有很多卫星）融合数据和提高数据精度。

如图 5.2 所示，原始的 GPS 系统由 24 个高度约 20000km 的轨道卫星组成。无论在地球上的任何地点、任何时间，通常都能畅通无阻地在天空中看到 6~12 颗卫星。城市和其他充满障碍的环境不太可能出现这么多，这可能是一个大问题。卫星以原子时钟定时的光速发送微波（1.2~1.5GHz）信号，其中包含其身份和校正信息。接收器利用对卫星的位置和状况的了解，比较信号到达的时间延迟，并对其位置进行三角测量。当不断变化的大气影响信号时，已知位置的基站网络将监视错误信号，计算校正信息并将结果返回给卫星，卫星将校正信息包含在其传输中。该基础系统在地球表面的定位精度约为 10m。卫星在天空中缓慢移动，例如，从其出现到消失在地平线上需要 30min。

差分 GPS（Differential GPS，DGPS）通过在全球网络之外安装自己的本地基站，并将计算出的位置与移动车辆的位置进行比较，可以提供 100mm 左右的更高精度（但是，不能使用两个标准的 GPS 接收器制作"穷人的 DGPS"，因为它们必须使用完全相同的一组卫星，这需要它们具有额外的逻辑才能彼此通信和协商）。一些广阔的地区通过无线电传输公共 DGPS 服务，例如美国的 WAAS 和欧盟的 EGNOS。

实时运动（Real-Time Kinematic，RTK）GPS（图 5.3）将 DGPS 概念与信号之间的其他高分辨率载波相位（图 5.4）结合使用（而不是基准信号的延迟），从而在较好的天气中获得高达 20mm 的精度。在天气较差的时候，较便宜的 RTK 传感器根本无法工作。一些组织运营 RTK + DGPS 基站的本地网络，如 rtkfarming.co.uk，利用农民志愿者的基站覆盖英格兰东部。

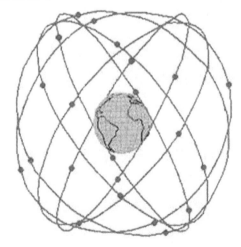

图 5.2 GPS 卫星分布

图 5.3 RTK/DGPS 基站

对于有限的较小环境，例如一条街道，使用实时定位系统（Real Time Localization Systems，RTLS）可以获得更高的精度。它们的工作原理与 GNSS 相同，但使用本地安装的无线电信标而不是远距离卫星。通常，GNSS 本身不够准确，无法对自动驾驶车辆进行定位，尤其是在城市地区。为了实现对车辆的定位，GNSS 已与许多其他传感器（包括其自身的历史读数）融合并过滤信息。同样，汽车卫星导航大量使用平滑的观测序列以及有关其速度和航向的知识来达到对车辆定位的目的。相比车辆在十字路口的细微运动，其在高速公路上的位置更容易预测和平滑。这就是为什么昂贵的 RTK 在农用拖拉机上很常见，而在汽车上却不太常见。可以根据车辆的移动方向或相应的 RTK 传感器估算车辆的行驶方向。

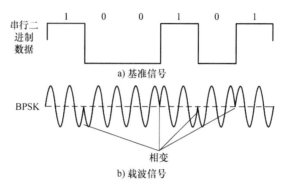

图 5.4　基准信号和载波信号

通常，数据科学将仅使用 NMEA 数据（上一章中已有详细介绍）中的最终估计位置。有时，数据科学家可能会使用来自单个卫星的数据，当然这些数据也会出现在 NMEA 数据中，例如，在研究用于融合来自不同系统或其他本地化数据源的数据的新算法时。

5.3　地理信息系统（GIS）

5.3.1　GIS 的作用

地理信息系统（Geographic Information System，GIS）是专门设计用于处理空间数据的系统。在没有 GIS 的情况下，也可以处理空间数据，例如，我们可以将实体的经纬度 GPS 坐标存储为 Postgres 中的浮动属性对。但是，如果这样做，我们会很快发现自己需要编写许多函数来使用此数据进行大小不同的工作，这在每个项目中都是一样的。GIS 是这些标准任务的实现，可以打包为编程语言库和/或图形用户界面。标准任务包括：转换基准面和投影、快速搜索特定区域中的实体、快速搜索实体与其他实体的空间关系、将栅格图像数据与矢量数据混合、对各种规模的数据进行处理（如城市会随着缩放成为点状直至消失）、专业的地理数据可视化以及在标准空间数据文件格式之间进行转换。

- 您可能已经使用过 OpenStreetMap、Google Maps 和类似的基于 Web 的 GIS 工具。对于上述任务，它们可以做多少？

通常，如果工作人员说他们"做 GIS"或"使用 GIS"，则意味着他们已经接受过一些图形界面软件包的培训，该软件包将许多任务集成在一起并可以进行交互使用。这些软件包通常结合了数据库（如 Postgres）、CAD 程序（如 FreeCAD 和 SolidEdge）、绘图（如 LibreOffice Draw 和 Corel Draw）和绘画程序（如 GIMP 和 Photoshop）的各个方面。最好的开源 GIS

软件包是 QGIS，可从 www.qgis.com 获得。

在数据科学中，我们的含义略有不同：我们通常会使用相同的工具，但打包为编程语言库函数而不是图形界面。有时两者之间的区别很模糊，例如，QGIS 能够链接到 Python 程序以编写其功能脚本。通常，图形界面只包装我们直接使用的相同的库。

数据科学家可能会问一些关于 GIS 系统的问题：

- Derbyshire 的 A61 公路附近的哪个站点的道路使用率低但通勤者的通行性较高（以查找新的商业园区）？
- M25 高速公路周围的哪些 OD 路线可以被直达的新道路或公共交通连接所代替？
- 哪种类型的实体拥有欧盟范围内适合极端地形农业机器人工作并获利的土地？
- 哪些商场停车场的交通量最高（由此我们可以在销售数据公布之前通过购买股票来获利）？

5.3.2 空间本体论

空间对象具有特定的空间属性。哲学家康德认为，某些基本属性在我们对世界的感知中是基础的或者是与生俱来的，并且这些属性包括时间和空间。这为在我们的世界表征中特别对待时空提供了一个论据。与时间相同的是，（感知）空间是连续的属性。与时间不同的是，它是三维的。正如我们通常一次"感知"世界的一个状态一样，存在另一种差异，即空间中的实体被视为在空间上的扩展，而不是（直接）在时间上的扩展。

对于地理数据，我们通常只在三个维度中的两个维度（地面上）上进行工作。二维空间支持三种基本类型的空间实体：

- 点——位置。
- 线——包含两个或两个以上（可能无限）的有序序列位置。
- 面——由三个或更多顶点位置按顺序排列的区域。

请仔细考虑这些定义。点、线和面并不像它们最初看起来那样简单。例如，在本体论和计算上，应该将一条直线想象成由无数个点组成，还是仅仅由定义它的两个点组成？在后一种情况下，连接两个定义点的无限点与定义点的状态不同。类似地，对于面来说，所描述区域的状态与定义顶点的状态不同。在真实的数据库系统中，我们不能直接表示无限集，而必须使用有限定义集。因此，所代表的实体——区域——不能直接被代表。因此，如果我们要询问有关这些实体的几何问题，则可能需要进行一些认真的计算，例如：

- 两个面是否相交（"重叠"关系）。
- 点是否在面内（"存在"关系）。
- 距线（如道路）最近的点（如商业园区）是什么。
- 拓扑问题——如"此面中是否有孔？"

这些通常涉及如图 5.5 所示的标准几何运算。令人惊讶的是，甚至没有可用的算法已经或可能被证明对这些类型的操作都是最优的。尽管许多涉及线、面和图的几何问题现在看来都是 NP 难题，但计算几何仍然是一个广阔而活跃的领域。作为一个非常粗略的经验法则，应该假设大多数 2D 或更高维度的几何问题在计算上都是"困难的"（如果碰巧发现了一个不是，那么您很幸运，有时可以发表关于此发现的论文）。幸运的是，作为数据科学家，我们可以将大部分算力留给计算机科学，其可以非常有帮助地实施其最新的解决方案，并将结果作为 GIS 的一部分提供给我们使用。在某些情况下，现实世界的对象可能由不同比例的不同矢量实体表示。例如，城市是一个封闭的多边形，但在卫星图像中是一个点。

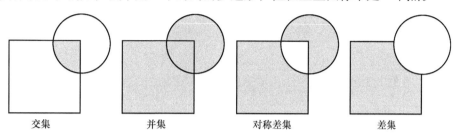

图 5.5　几何运算

开放式地理空间联盟（Open Geo-spatial Consortium，OGC）和 ISO19125 标准（也称为"简单要素"）对点/线/面本体（以及各种其他类型）及其成员的标准操作进行了规范，并在大多数 GIS 中使用。该标准将各个空间对象称为"特征"，并定义"层"来将它们分组。

在数据本体方面，矢量实体和栅格实体之间存在共同的区别。点、线和面是矢量，并通过其定义点的坐标来描述（如在绘图程序中一样）。栅格实体由"像素"组成，通常是各个数据值的正方形网格。栅格实体的示例包括航拍无人机照片（由像素组成，但是每个图像使用不同的坐标系，包括由于高度变化而导致的不同缩放比例）；以及采样数据，例如从空中激光雷达测量（有时也有不同的坐标系）获得的 2m 栅格地形高程数据，或在整个采样区域中获得的空间测量数据，如温度、土壤含量或交通密度。在栅格坐标（如像素行和列）之间进行转换是一项复杂的任务，但可以通过 GIS 工具自动进行。与日期和时间一样，不要自己动手——请使用工具！

许多矢量和栅格实体带有其他任意属性。例如，我们可以将街道名称分配给线，或者将空气污染级别分配给多边形区域。光栅图像通常在主向量空间内具有位置、比例、旋转度以及透视图，例如，显示航拍照片来源信息。

5.3.3　空间数据结构

我们在第 4 章中了解了如何使用 B+树来实现对一维数据库字段的快速索引。B+通过利用一维数据的属性来工作：它总是可以被排序的。甚至可以通过定义诸如字母或 ASCII 顺序的关系对非数字、非基数数据字段（如文本）进行排序。实值数据可以按一维空间中值的位置进行排序。因此，对于单维数据，对实值数据的 B+树索引是空间索引的一种简单形式。虽然不常见，但可以将此思想推广到两个（或多个）维度。可以使用类似于 B+树数据结构的 R 树（Guttman，1984）来完成此操作，如图 5.6b 所示。此处，图 5.6b 中的二维空间被聚集成矩形（R），从代表感兴趣的空间数据实体的小矩形开始，然后是充当其索引的更高级别的矩形。在此示例中，R8~R19 是真实的空间实体，R1~R7 构成索引。通过将附近的较低级别区域聚集到较高级别区域来建立和维护索引。与 B+树相似的是，这种结构允许人们快速搜索特定位置的对象。与 B+树不同的是，这些区域可能出现在多个父区域中，从而难以保证 B+树的理论速度。尽管实际上它们通常工作良好，并且在大多数 GIS 中使用。

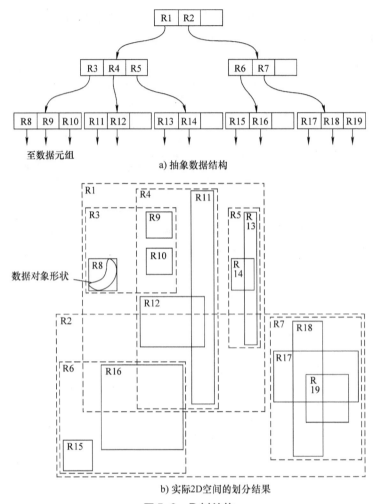

图5.6 R树结构

5.4 实施

请记住,并非所有关于交通的任务都需要空间数据库,在许多情况下,只需将坐标存储在常规数据库中就可以得到空间数据库。当您需要对固有的空间关系进行大量快速查询(如快速查找彼此临近或包含的实体)时,可以使用空间扩展。

5.4.1 空间文件

Shapefile 是 OGC 本体的一种存储格式,大多数 GIS 都使用 Shapefile。与它们的名称不匹配的是,它们并不是单个文件,而是相关文件的小集合,通常一起存储在目录中。主文件扩展名为 .shp,存储实际的几何要素。与之一起出现的文件可能有 .dbf(关联的非空间属性数据)、.shx(索引结构)和 .prj(基准/投影信息)。例如,它们被用在 Derbyshire 数据中以将蓝牙传感器站点的位置存储为点实体。

GeoJSON 和知名文本(Well-Known Text,WKT)是相同本体的替代表示。在大多数 GIS 中,都提供了可在这些格式之间转换的工具。

5.4.2 空间数据源

OpenStreetMap（OSM）的成立是为了应对公司限制访问地图数据的问题，现在它几乎已成为英国和许多其他国家在公共领域的完整路线图。通常 OSM 是开始获取地图数据的最佳站点，可以出于任何目的免费下载和使用 OSM 数据。现在有很好的免费卫星导航应用程序使用这些数据，并且不会将用户的个人 GPS 位置出售给任何公司，如 OsmAnd。OSM 数据以其自己的 .osm 格式存储，但可以使用工具将其转换为 Shapefile 和其他常见格式。

如果您发现 OSM 中有任何过时或缺少的功能，请对其进行修复！它的工作方式与 Wikipedia 类似。如果您所在的国家/地区缺少 OSM 数据，请考虑使用其支持 GPS 的电话应用程序来驱动并收集数据。这通常是由志愿者团体组织的，目的是在"玛巴顿"时代绘制新城市的地图——也许您可以组织一个。

Ordnance Survey OpenData 通过其网站免费提供一些英国地图数据，包括地形等高线信息，可以通过它的网站访问：www.ordnancesurvey.co.uk/business-and-government/products/opendata-products.html。

英国环境局（UK Environment Agency）在网上免费提供了许多数据，包括分辨率高达 1m 的非常细致的激光雷达地形扫描数据以及某些区域的环境调查数据，如噪声、洪水和空气质量水平（www.gov.uk/check-local-environmental-data）。它的激光雷达数据用于驱动 3D"地球视图"类型的网站。

NASA（data.nasa.gov）卫星图像是免费提供的，这些图像由"地球视图"类型的网站包装。NASA 的原始数据比这些站点上使用的数据大得多，包括在同一地点多次通行的图像数据。NASA 数据还包括来自各种环境监测调查的非视觉空间测量结果。

5.4.3 空间数据库

OGC 标准与 R 树空间索引一起实施，是多个数据库对 SQL 的扩展，包括通过 PostGIS 扩展（postgis.net/documentation/）的 Postgres。这些定义了新的基本空间类型（Spatial Type, ST）。数据库的其他 SQL 扩展也可用于高级空间任务，例如，Postgres 的 pgrouting 扩展添加了 SQL 命令以查找通过类似路网的最短路径；pgpointcloud 添加了用于 3D 点云数据的工具，如地面车辆的激光雷达扫描和航空测量数据。

5.4.4 空间数据框

前面我们已经讨论了用于在编程语言中操作数据的数据框结构。空间数据框就是一个了解数据库对空间数据的表示形式的简单数据框，通常将其存储在某些非人类可读的二进制代码中，以实现快速的空间计算。一些空间数据框库提供其他功能，例如自动进行投影转换或协助地图绘制。

5.5 练习

5.5.1 GPS 投影

一个非常常见的任务是转换坐标，尤其是在椭球和平面投影之间。可以使用 Python 中的 pyproj 来完成，例如：

```
1.  import pyproj
2.  lat = 53.232350
3.  lon = -1.422151
4.  projSrc = pyproj.Proj(proj='latlon', ellps='WGS84',datum='WGS84')
5.  projDst = pyproj.Proj(proj='utm', ellps='clrk66',utm_zone='30U')
6.  (east_m, north_m)= pyproj.transform(projSrc,projDst,lon,lat)
7.  print(east_m, north_m)
```

5.5.2 PostGIS

PostGIS 是 Postgres 的空间数据库的扩展。它已安装在 itsleeds 中，但是（如所有可选的 Postgres 扩展一样）必须在数据库中打开后才能使用。为此，请使用 psql 登录数据库并输入命令：

```
1.  CREATE EXTENSION postgis;
```

完成此操作后，您可以创建具有新几何类型和空间类型（Spatial Type, ST）功能的表和数据，这些功能可用于存储 Derbyshire 国家委员会蓝牙传感器站点的位置（以点为单位）、它们之间的起点－终点路线（作为连接起点和终点的直线）以及该区域的城市边界（作为多边形，按顺序指定它们的顶点坐标，在同一顶点开始和结束）。点、线和面都以相同的几何类型存储：

```
1.  CREATE TABLE BluetoothSite (siteID text, geom geometry);
2.  INSERT INTO BluetoothSite VALUES
3.  ('ID1003', 'POINT(0 -4)'), ('ID9984', 'POINT(1 1)');
4.  CREATE TABLE Route (name text, geom geometry);
5.  INSERT INTO Route VALUES
6.  ('route1', 'LINESTRING(0 0,-1 1)'),
7.  ('route2', 'LINESTRING(0 0, 1 1)');
8.  CREATE TABLE City (name text, geom geometry);
9.  INSERT INTO City VALUES
10. ('Chesterfield', 'POLYGON((0 0, 0 5, 5 5, 5 0, 0 0))');
```

请注意 ST_AsText 函数的使用，该函数将数据从快速但非人类可读的二进制代码转换为人类可读的文本字符串进行显示。如果不使用此功能选择空间数据，则可以看到原始的二进制代码：

```
1.  SELECT siteID, ST_AsText(geom) FROM BluetoothSite;
2.  SELECT siteID, geom FROM BluetoothSite;
```

另一种常见的操作是使用以下查询语句将空间数据转换为浮点数（特别是如果我们要根据位置序列计算车速的时候）：

```
1.  SELECT ST_X(geom), ST_Y(geom) FROM BluetoothSite;
```

也可以查询实体之间的空间关系，例如查询位于切斯特菲尔德（Chesterfield）边界的所有蓝牙站点：

```
1.    SELECT BluetoothSite.siteID
2.    FROM BluetoothSite, City
3.    WHERE ST_Contains(City.geom, BluetoothSite.geom)
4.    AND City.name='Chesterfield';
```

以上示例中的坐标使用整数,例如,整数可能表示参考某个原点的以米为单位的坐标。对于实际数据,我们将使用 GNSS 坐标或某些标准投影。选择使用哪种方式对计算速度很重要:通常,您需要使用存储在数据库中的投影坐标,以避免每次用于计算或绘制任何内容时都必须重新投影。

5.5.3 GeoPandas

Python 的空间数据框架库称为 GeoPandas,GeoPandas 扩展了 Pandas 的 DataFrames,可以在它的 GeoDataFrames 中表示和操作 OGC 数据。因为标准 Pandas 可以连接到标准 Postgres,所以它也可以连接到支持 PostGIS 的 Postgres 数据库。GeoPandas 可以通过如下命令从空间数据库中将数据读取到 DataFrames 中:

```
1.    import geopandas as gpd
2.    import psycopg2
3.    con = psycopg2.connect(database='mydatabasename',user='root')
4.    sql = "SELECT * FROM BluetoothSite";
5.    df = gpd.GeoDataFrame.from_postgis(sql,con,geom_col='geom')
6.    print(df['geom'][0].coords.xy)        #获取坐标并转换为浮点型
7.    for index, row in df.iterrows():      #循环打印结果
8.        print(row)
```

GeoPandas 也可以直接将 Shapefile 加载到 GeoDataFrames 中:

```
1.    df=gpd.GeoDataFrame.from_file('data/dcc/examples/ BluetoothUnits.shp')
```

我们可以通过迭代并使用 SQL 命令将 GeoDataFrame 的某些内容插入数据库的表中:

```
1.    cur = con.cursor()
2.    for i in range(0,df.shape[0]):
3.        sql = "INSERT INTO BluetoothSite VALUES ('%s','%s');"%(df.iloc[i].siteid,df.iloc[i].geom)
4.        cur.execute(sql)
5.    con.commit()
```

由于 Pandas 在 Python 内部复制了许多 SQL 的功能,因此 GeoPandas 也在 Python 内部复制了许多 PostGIS 的功能。复制的功能包括用于执行空间操作的 Python 命令。与 Pandas 一样,它包含一些工具可协助处理空间数据(如 Shapefile)。还有一些辅助投影的功能,例如,指定初始坐标参考系统(Coordinate Reference System,CRS),然后将一个 GeoDataFrame 中的所有几何数据转换为新的 CRS(在这种情况下,英国国家电网也称为 EPSG:27700),该操作可自动执行对 pyproj 的多次调用:

```
1.  df.crs = {'init': 'epsg:4326', 'no_defs': True} #初始 CRS
2.  df = df.to_crs(epsg=27700)         #CRS 转换
```

5.5.4 QGIS 路线图

启动 QGIS（路径：应用程序→教育→QGIS 桌面）。

在 QGIS 中打开 Shapefile（data/dcc/examples/BluetoothUnits.shp）以查看 Derbyshire 中蓝牙传感器的位置（Layers→Add layer→Add vector layer，为数据集选择 .shp 文件）。

要在 OpenStreetMap 服务器中将切斯特菲尔德地图包含在背景中，请执行以下操作：

• 菜单 Vector→OpenStreetMap→使用 "from layer" 选项加载数据将连接到 OSM 服务器并下载数据以匹配传感器层的区域（给此文件定义一个文件名）。

• 菜单 Vector→OpenStreetMap→从 XML 文件导入拓扑以转换 OSM XML 数据并导入 QGIS 数据库文件（通过文件名加载）。

• 菜单 Vector→OpenStreetMap→将拓扑导出到 Spatialite 以加载数据库文件（文件名 + ".db"）添加到 QGIS 图层中。选择折线选项以将道路显示为线。

• 通过拖放来更改图层的顺序，以在地图顶部显示蓝牙站点。

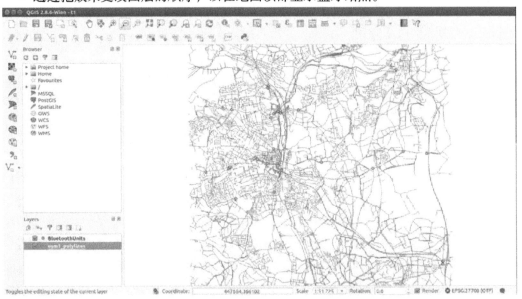

尝试在地图上绘制其他传感器位置。尝试操作 QGIS 看看它能做什么（完整文档：www.qgis.org）。

5.5.5 绘制开放式街道地图（OSM）道路

Docker 镜像的数据文件夹中包含 Derbyshire OSM 数据的 Shapefile 版本文件 dcc.osm.shp。

任务：

• 将 Derbyshire Shapefile 加载到 GeoPandas 中。
• 将其从 GPS 坐标转换为国家网格（米）投影（例如，使用 PyProj 或 GeoPandas）。
• 为此创建 Postgres 表并存储。
• 用不同的颜色绘制主要道路类型（使用 df_roads ['highway']）。

提示：

```
1.    #向数据库导入Shapefile
2.    fn_osm_shp = "data/dcc.osm.shp/lines.shp"
3.    df_roads = gpd.GeoDataFrame.from_file(fn_osm_shp)
4.    df_roads = df_roads.to_crs({'init': 'epsg:27700'})
5.    for index, row in df_roads.iterrows():
6.        sql="INSERT INTO Road VALUES ('%s', '%s', '%s');"%(row.name,
          row.geometry, row.highway )
7.        cur.execute(sql)
8.    con.commit()
9.    #道路绘制
10.   sql = "SELECT * FROM Road;"
11.   df_roads = gpd.GeoDataFrame.from_postgis(sql,con,geom_col='geom')#
12.   print(df_roads)
13.   for index, row in df_roads.iterrows():
14.       (xs,ys) = row['geom'].coords.xy
15.       color='y'
16.       if row['highway']=="motorway":
17.           color = 'b'
18.       if row['highway']=="trunk":
19.           color = 'g'
20.       plot(xs, ys, color)
```

5.5.6 获取 OSM 数据

为了自行获取 OSM 数据并将其转换为 Shapefile 文件，请从命令行下载 Chesterfield 的 OSM 数据并将其转换为标准 ShapeFile 格式。对于小型地图，可以使用 wget 完成：

```
1.    $ wget http://api.openstreetmap.org/api/0.6/map? \
2.    bbox=-1.4563,53.2478,-1.4011,53.2767 -O ~/dcc.osm
```

其中，-O 指定输出文件保存位置。如果 wget 命令不可用，也可以在 Web 浏览器中输入 URL 下载。

对于较大的地图（在 OSM 的服务器上增加了更多负载），服务器可能拒绝 wget 的请求，并且 OSM 项目要求用户改为使用在志愿者服务器（如 http://overpass-api.de/query_form.html）上运行的"Overpass API"进行替代。如果您粘贴 XML 查询语句则会返回所需数据，例如：

```
1.    <union>
2.        <bbox-query s="53.1567" w="-1.5065" n="53.2835" e="-1.2971"/>
3.        <recurse type="up"/>
4.    </union>
5.    <print mode="meta"/>
```

这是用于下载 Docker 数据的语句，您需要手动重命名下载文件为 ~/data/dcc.osm。

OSM 文件可以使用下述语句转换为 ShapeFile：

```
1.  $ ogr2ogr --config OSM_USE_CUSTOM_INDEXING \
2.  NO -skipfailures -f "ESRI Shapefile" data/dcc.osm.shp/ data/dcc.osm
```

5.5.7 蓝牙车辆传感器站点

任务：

- 使用空间点样式将真实的蓝牙站点位置加载到数据库中（在 data/dcc/web_bluetooth_sites.csv 中，位置以每个 12 位数字的单个字符串的形式获得，前 6 位和后 6 位是两个坐标）。
- 从数据库将它们加载到 GeoPandas 中。
- 在上面的 OSM 路线图上将它们绘制为蓝色圆圈。

提示：

```
1.  import geopandas as gpd
2.  import psycopg2
3.  from pylab import *
4.  con = psycopg2.connect(database='mydatabasename',user='root')
5.  sql = "SELECT ST_x(geom), ST_y(geom), siteid, geom FROM BluetoothSite;"
6.  df_sites = gpd.GeoDataFrame.from_postgis(sql,con,geom_col='geom')
7.  plot(df_sites['st_x'], df_sites['st_y'], 'bo')
```

Docker 镜像中提供了完整的程序示例，但首先尝试自己编写。您的最终绘图应如图 5.7 所示。

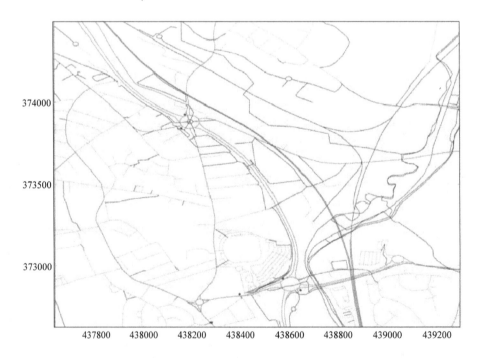

图 5.7　一起绘制开放式街道地图道路和 Derbyshire 蓝牙传感器站点

5.6 延伸阅读

- Guttman A (1984) R – Trees: a dynamic index structure for spatial searching. Proceedings of the 1984 ACM SIGMOD international conference on Management of data – SIGMOD '84 (Original R – tree source).
- DeMers MN (2009) GIS for dummies. Wiley. (Good beginners' guide to GIS general concepts).
- Noureldin A, Tashfeen BK, Jacques G (2012) Fundamentals of inertial navigation, satellite – based positioning and their integration. Springer Science & Business Media. (Very comprehensive reference guide to GPS and IMU systems and processing).
- Shekhar S, Chawla S, Ravada S, FettererA, Liu X, LuCT (1999) Spatial databases – accomplishments and research needs. IEEE Trans Knowl Data Eng 11 (1): 45 – 55.
- Links to many interesting papers and reviews on related topics: http://gis.usc.edu/msp – resources/articles – blogs/the – role – of – spatial – database – in – gis/.
- geopandas.org (full GeoPandas documentation).
- The Python GIS cookbook: https://pcjericks.github.io/py – gdalogr – cookbook/ (full of practical, runnable code examples of most tools, usually up to date).

附录：GeoPandas 内部

GeoPandas 包装了一大堆 Python 工具，使它们易于使用，但隐藏了其工作的详细信息以及它们与我们在前几章中所看到的系统之间的关系。对于许多交通应用程序而言，GeoPandas 足够了，但是有时您可能需要进入并直接使用较低级别的工具。本节将简要介绍堆栈。

GDAL/OGR 是 OGC 的一个实现库，其中的包装器可用于许多编程语言，包括 Python。它将本体表示为编程语言中的类，而不是文件或数据库中的类。OGR 是处理 OGC 矢量的部分，而 GDAL 是处理栅格的部分。要将其与特定语言（如 Python）一起使用，您需要同时安装核心库和该语言的包装器。

示例代码给出了使用不带 GeoPandas 的 GDAL/OGR 绘制 Derbyshire 地图的方法。它直接将 OGC 功能表示为 Python 对象（而不是 GeoDataFrames），并将几何和其他字段作为成员。

如果您需要使用更高级的类似于空间数据库中可用的空间操作，例如相交和重叠，则 Python 特定的库 Shapely 提供了许多这样的功能（实际上，在某些空间数据库的实现中使用了 Shapely）。Shapely 处理的是 WKT 格式的数据，因此您需要先转换它，然后再像这样以 WKT 格式将其加载回去：

```
1.    wkt = geometry.ExportToWkt()
2.    convert shape = shapely.wkt.loads(wkt)
```

如果您需要导入或导出更多奇特的文件格式，Fiona 库可以做到这一点，并且可用于包括 Python 在内的多种语言。

典型的 Python GIS 应用程序（如处理 Derbyshire 数据）可能具有如图 5.8 所示的结构。

在这种结构中，Shapefile 用作主要的输入/输出格式，因此其他格式也可以转换为它们，包括 OpenStreetMap 自己的数据格式 .osm 和可显示的 .png 输出图像。Shapefile 中的 OGC 数

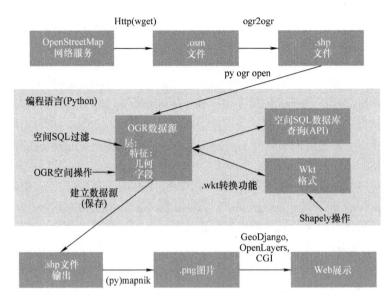

图 5.8 基于 OGR 的应用程序架构

据在 Python 中显示为"OGR 数据源",其中包含几何图形和字段的特征层。几何保存定义实体的空间数据,字段保存有关那些实体的非空间数据(如它们的名称、观察到的流量计数等)。应用程序可以通过 SQL 查询 API 连接到空间数据库,如 Postgres/PostGIS,并且可能会将某些数据转换为 WKT 格式并在其上运行 Shapely 函数。

以下是直接使用 OGR 绘制 Derbyshire 地图的示例:

```
1.   import ogr
2.   from matplotlib.pyplot import *
3.   ds = ogr.Open("/headless/data/dcc.osm.shp/lines.shp")
4.   datasource layer = ds.GetLayer(0) nameList = []
5.   for feature in layer:
6.       col="y"
7.       highwayType = feature.GetField("highway")
8.       if highwayType != None:
9.           col="k"
10.      if highwayType=="trunk":
11.          col="g"
12.      name = feature.GetField("name")
13.      nameList.append(name)
14.      geomRef=feature.GetGeometryRef()
15.      x=[geomRef.GetX(i) for i in range(geomRef.GetPointCount())]
16.      y=[geomRef.GetY(i) for i in range(geomRef.GetPointCount())]
17.      plot(x,y, col)
```

以下是从蓝牙 Shapefile 中提取对象文本名称的示例:

```
1.  import ogr
2.  from matplotlib.pyplot import *
3.  ds = ogr.Open("/headless/data/dcc/examples/BluetoothUnits.shp")
4.  layer = ds.GetLayer(0)
5.  ldefn = layer.GetLayerDefn()
6.  for n in range(ldefn.GetFieldCount()):
7.  featurename = ldefn.GetFieldDefn(n).name
8.  print(featurename)
9.  for feature in layer:
10. location_description = feature.GetField("Location")
11. print(location_description)
```

第 6 章

贝叶斯推断

贝叶斯推断，也称为"概率论"，是一种研究如何组合来自多个来源的不确定信息以在不确定条件下做出最佳决策的理论。这些来源包括经验数据以及先验分布，这些先验分布可能来自先前的试验、理论或主观估计。贝叶斯理论可以推断未观察到的目标变量的全概率分布，这些目标变量包括假定产生数据的模型参数以及由观察到的数据变量引起的未观察到的变量。贝叶斯推断在计算上比较困难，因此通常在大型计算系统上使用近似计算。贝叶斯推断是可证明的（Bernardo 和 Smith，2001），这是唯一能够结合数据分布始终做出最佳决策的系统。

6.1 贝叶斯推断与"统计"

贝叶斯推断有时也被称为"贝叶斯统计"，尽管此别称表述不恰当。统计是用来估计或描述某些事物的数据函数，通常通过将一组数据简化为一个数字实现。贝叶斯算法不会用单个数字来估计未观察到的变量的值——而是会推断变量所有可能值的完整概率分布。贝叶斯推断在计算上变得实用之前，统计被广泛用于"频率统计""古典统计"或某些中学和大学仍在教授的纯"统计"知识。统计学作为一个领域还利用了一些概念，包括被相关的贝叶斯概念取代的零假设和 p 值。

统计学通常分为两个专业角色：对于数学家，发明新的统计学方法和使用方法；对于用户，则学习如何将这些预先构建的方法应用于实际问题中。

相反，贝叶斯推断专家将其分为另外两个角色：为每个数据集建立自己的假定生成过程的数学模型的用户，以及提供可重复使用的近似计算系统以对这些模型进行推理的程序员。

统计通常假设它的目标是简明地描述数据（"有多少车辆？"），而贝叶斯推断则考虑基于数据规定实际行为的更广泛的目标（"我们应该如何为红绿灯编程？"）。虽然经典统计的多个试验结果可以由人类专家在"元分析"中结合起来，但贝叶斯推断的结果以正确的格式立即形成用于未来推论的先验。例如，自动驾驶汽车每秒进行 10 次观测可以看作是一系列"试验"，而贝叶斯推断很容易使它们时刻都组合在一起，以提供最新的视野。虽然可以用统计学做数据科学，但贝叶斯推断的重点是计算、数学理解、动作选择和融合多源（"多样性"）不确定数据、混合（"准确性"）和不断更新（"快速性"）数据源，使它成为数据科学更自然的数学工具。

6.2 高速公路行程时间

为了说明贝叶斯方法并将其与古典统计分析进行比较，假设我们对决定早上何时离开谢菲尔德开车去利兹工作感兴趣。统计学家可能会去收集好几个星期所有上午的 N 个旅行时间 x 的观测值，然后针对每个出发时间窗，计算出旅行时间的样本均值和标准差统计量。她可能会创建一些无效的假设，例如"旅行时间与出发时间无关"，并通过证明存在小概率（p 值）产生观察值或更差的数据，从而继续检验并拒绝该假设。然后，她将展示出样本均值统计量（$\bar{x}$）和样本方差（s）：

$$\bar{x} = \frac{1}{N}\sum_{n=1}^{N} x_n$$

$$s = \frac{1}{N-1}\sum_{n=1}^{N} (\bar{x} - x_n)^2$$

在样本无限的情况下，这一数值会接近真实数据的均值和方差。她可能会使用进一步的统计数据来说明这些统计数据的融合程度以及观察到的统计值偶然出现的可能性。如果问她为什么第一个估计量包含 $1/N$，而另一个估计量包含 $1/(N-1)$，她可能不知道，并且会尝试谈论"自由度"或提及其已在很久以前被别人写的一本教科书中证明。同样，用于 p 值和其他置信度的统计将来自一本不会让用户担心可能包含错误的旧书或表格。如果书中没有针对该问题的合理推导，那么她将更改问题或假设，或者研究包含合理推导的其他问题。该分析仅基于观察到的数据，而不考虑所报告的结果与实际开车上班的预期行为之间的相互作用。它将世界视为客观的——即存在一些真实的均值和方差，但统计学的工作是估计和报告它们，而不管它们如何影响个人驾驶。

相反，贝叶斯可能会有所不同。在考虑数据之前，他首先会考虑研究的目的。他将写下在现实世界中可能采取的一系列行动：在这种情况下，即为他每天早上去工作的时间集。他可能还会有其他类型的动作，例如待在家里通过 Ekiga 或 Skype 拨号上网工作。接下来，他考虑了这些动作在每个可能发生的世界中的效用。晚出发的价值是可以多在床上躺几分钟，如果交通状况良好且他准时到达，则不会受到任何罚款。但是，如果他在上午 9 点召开重要会议，那么迟到就会造成经济损失。待在家里打电话可以完成会议，但可能无法与客户建立良好的关系，因此虽然获得了一些实用价值，但不如亲自参加会议。在考虑动作和效用之后，接着他考虑了概率，但还没有考虑数据。他对这条高速公路上的出行有什么看法？可能他之前没有明确收集数据就已经开车上路很多次，并且还听过朋友和电台对不同时间的相似旅程的看法和报道。所有这些朋友和电台都具有不同的可靠性——有些朋友夸大了他们的故事，而另一些则被认为是值得信赖的——应当考虑这些信息准确性的概率。在用贝叶斯方法收集任何新数据之前，他可以将所有这些先验信息组合成一个旅行时间和出发时间的函数关系。他将在此基础上假设一些生成模型 M_1，如旅行时间服从 Gamma 分布（参数 k 和 θ 一起决定了分布，类似于由均值和方差决定的分布）：

$$p(x) = \frac{1}{\Gamma(k)\,\theta^k} x^{k-1} e^{-\frac{x}{\theta}}$$

该模型的选择可能不仅基于对行程时间的一般假设，而且还基于贝叶斯的计算需求，经常会选择以指数形式呈现，以使以后的数学和计算更加容易，即使这不是完美的现实模型。在许多情况下，贝叶斯可能根本不需要收集任何新数据，因为先验、报告和可信度的组合可能足以优化动作选择。当它们不充分时，贝叶斯可以准确地计算出不充分的程度，并计算出在与所有先验知识相结合时需要收集多少额外的数据才能使其满足要求。如果这两位贝叶斯学者就 Gamma 模型的相关性争论不休时，他将向她提出挑战，并要求后者提供替代模型 M_2。也许她会提议混合使用 Gamma 分布以模拟交通相位变化的两种情况。两位贝叶斯学者都不需要关心这些模型或它们的假设在理论上的现实性。相反，他们都可以针对数据进行测试，并会得出模型正确的概率分别为 $P(M_1 \mid D)$ 和 $P(M_2 \mid D)$。然后，他们都可能会使用最佳模型来规划行程，甚至通过以下方式将两者结合使用

$$\hat{a} = \arg_a \max \sum_s U(a,s) P(s \mid D, M)$$

式中，a 是可能的动作；$\hat{a}$ 是最佳动作；s 是世界状态；D 是数据；U 是效用函数；M 是模型。

这可能需要使用数值近似计算的大型计算机。这两个贝叶斯主义者没有使用任何"统计"来估计任何东西，而是直接谈论概率、模型、参数、动作和效用。他们并没有声明任何有关世界的客观知识，并且可能会各自使用和"信任"不同的模型，以最佳地优化自己的行程、工作和价值环境。

可能会经常有人争辩说不用贝叶斯理论就可以研究数据科学，例如，对数据库中的数据应用"老式的"经典统计方法。另一方面，年轻新式的"大数据"运动则认为，随着数据集变"大"，就不再需要频率论和贝叶斯分析了，因为以前无法观察到的种群可能会从这些数据中（"N = 全部"）变得完全可观，而不需要采样了。但是，贝叶斯理论强调实用性、近似性、多源信息的合并，处理噪声和混乱，且总体而言，黑客计算技术与数据科学社区非常契合。而且，除非确定可以对每个种群中的个体都有一个完全无噪声的集合，否则仍然会存在一些不确定性需要用到概率。我们也无法从未来获得"大数据"，因此有关预测的任何推断仍将涉及概率。在德比郡，可能可以访问"大量"数据，但是在乡村地区，可能无法承受传感器覆盖所有地区的费用，因此需要对传感器未覆盖区域进行推断。

6.3 贝叶斯推断

6.3.1 贝叶斯定理

贝叶斯"定理"实际上更像是"引理"[一]，因为它简单地遵循了概率论中的边缘化和条件化两个定义

$$P(A) = \sum_B P(A,B)$$

[一] 贝叶斯定理在其发现者中也几乎肯定是被错误命名的。这方面的主要历史就像侦探小说本身［Stigler, Stephen M.《谁发现了贝叶斯定理？》, The American Statistician 37.4 (1983)：290 – 296］，并得出结论认为这一发现最可能归功于尼古拉斯·桑德森（Nicholas Saunderson），他在距利兹 25 英里的一个村庄长大，而令人惊讶的是，他在失明后用自己发明的触觉算盘完成了他所有的数学研究。

$$P(A \mid B) = \frac{P(A,B)}{P(B)}$$

贝叶斯定理表达式如下

$$P(B \mid A) = \frac{P(A \mid B)P(B)}{P(A)}$$

证明：练习（简单！）。

该定理的灵感来自于概率，概率的概念首先实现了该定理的定义。在定理产生之前的一段时间里，大量的哲学家和数学家就这一问题进行了广泛的辩论，这主要是由于赌博的发明和/或合法化，包括骰子、卡牌、保险和银行投资。

6.3.2 法律判定：车辆撞人事故

假设您被征召到英国去当一宗过失杀人案的陪审员。闭路电视摄像头（CCTV camera）拍下了这起肇事逃逸事故，驾驶员撞死一名行人，然后开车离开。闭路电视显示了驾驶员逃离其车辆的模糊图像。经过一些图像处理后，ANPR 能够识别车牌，但无法识别车辆的品牌、型号或驾驶员的任何特征。犯罪现场附近的蓝牙传感器也捕获了与闭路电视录像相匹配的驾驶员手机信号。但是，ANPR 和蓝牙感应均会产生噪声且容易出错。法庭上的一位专业统计证人（拥有 100% 的可靠性记录）指出，此 ANPR 偶然与随机人员车辆相匹配的概率是 1‰，而此蓝牙传感器与随机人员电话相匹配的概率是 1‱。这些数据和证词是控方提出的唯一证据。根据英国法律，您必须投票赞成"有罪"或"无罪"，如果您认为嫌疑犯"超出了所有合理怀疑"而犯罪，则应选择"有罪"。在英国法律中，"合理怀疑"的含义是故意含糊其辞，由您根据自己的道德和知识来决定如何投票。

- 您会怎么投票？

为了使用贝叶斯定理对此进行建模，设定事件 M 为嫌疑犯是过失杀人犯，事件 S 为观察到的传感器数据（ANPR 加蓝牙）。专家证人告诉我们，对于一个随机人员来说，有

$$P(S) = 1/1000 \times 1/10000 = 1/10000000$$

我们将假设如果嫌疑犯确实是过失杀人犯，传感器将给出 S

$$P(S \mid M) = 1$$

在我们考虑法庭提供给我们的证据之前，需要先确定犯罪嫌疑人是过失杀人的先验概率是多少？我们不知道该人如何被警察抓获，例如，他们是否在犯罪现场追车并在那里逮捕嫌疑人，或者他们是否访问了车牌数据库和手机数据找到嫌疑人。在没有任何此类证据的情况下，我们必须假定嫌疑人是过失杀人的先验概率等于任何人是过失杀人犯的先验概率。假设误杀者至少是英国驾驶证的持有者，那么在英国大约有 4000 万这样的人，因此事先认为其中任何一个碰巧是误杀者的概率 $P(M)$ 为 1 / 40000000。

将这些概率与贝叶斯公式相结合，可得

$$P(M \mid S) = \frac{P(S \mid M)P(M)}{P(S)} = \frac{(1)(1/40000000)}{(1/10000000)} = \frac{1}{4}$$

如果您投票决定处决或监禁该嫌疑犯，那么该嫌疑犯将有 $\frac{3}{4}$ 的概率是无辜的。

这显示了使用数据挖掘生成假设的一个基本问题，即所谓的"检察官的谬论"。对于可以基于大数据集形成的大多数类型的假设来说，大数据还指定了这些假设的大量变体。这意

味着任何一个人犯罪的先验概率都非常低,并且为说服它而提出的证据也必须同样有力○。

6.3.3 先验和后验

任何贝叶斯推断的基本步骤是使用贝叶斯定理更新先验,如通过使用一些数据 S 和数据生成模型,将 $P(M)$ 等先验更新为更精细的后验,如 $P(S|M)$。贝叶斯学者认为该定理不仅是等式的更新,更是计算的更新

$$P(B|A) := \frac{P(A|B)P(B)}{P(A)}$$

式中,计算机科学中的":="表示"将等式左边项的值设置为右边计算的结果"。

通常,此更新在计算上比较困难,即 NP – hard,这意味着即使使用超级计算机或云集群,仍然无法准确地执行此更新。原因是 $P(A)$ 项很难计算,因为它必须将 B 的每个可能的情况下的 A 的概率相加。B 的状态可能由多个事件状态组合决定,导致其可能的组合数量成指数增长,因此其通常很复杂且具有巨大的潜在状态空间。另外,其可能是连续的、需要积分的值

$$P(B|A) := \frac{P(A|B)P(B)}{\int P(A|B')P(B')\mathrm{d}B'}$$

大多数贝叶斯算法不是精确地计算,而是使用标准的数值逼近工具给出的近似答案。这些工具的详细信息不在本书的讨论范围之内,但是我们将介绍一种被称为马尔可夫链蒙特卡洛(Markov Chain Monte Carlo,MCMC)的方法,它通过绘制数百万个随机样本来替代精确的积分。用户可以通过诸如 PyMC3 之类的软件工具建立贝叶斯模型执行 MCMC,而无须确切地知道其内部的工作方式○。

6.3.4 道路用户跟踪

贝叶斯定理构成了闭路电视、GNSS 或其他传感器对车辆和其他道路使用者的跟踪算法的基础。例如,第 5 章讨论了需要将 GNSS 数据与历史记录和其他数据源相结合,以便估计随时间推移的自动驾驶车辆的准确位置;第 1 章中的 M25 高速公路示例涉及在 ANPR 摄像头之间实现长距离车辆跟踪。"轨迹"是推断位置的时态序列。贝叶斯跟踪通常含有"过滤"窗体来引入每 t 次的新观测数据 O_t,例如

$$P(X_t|O_{1:t}) = \frac{P(X_t|O_t)P(X_t|O_{1:t-1})}{Z}$$

式中,X 是车辆的状态(包括位置、车头、速度和可能的更高阶导数,如加速度);Z 是将概率之和归一化后的结果。

将上式中的 $P(X_t|O_{1:t-1})$ 分解为由历史数据给出的前一状态分布 $P(X_{t-1}|O_{1:t-1})$ 与物理运动模型 $P(X_t|X_{t-1})$ 的因子之和,表示为

$$P(X_t|O_{1:t}) = \frac{P(X_t|O_t)\int P(X_t|X_{t-1})P(X_{t-1}|O_{1:t-1})\mathrm{d}X_{t-1}}{Z}$$

○ 这听起来有些牵强,但统计上类似的误判确实发生过。在 1999 年,萨莉·克拉克被判两次无期徒刑,但后来在 2003 年使用贝叶斯分析证明了这两个婴儿的死亡是巧合。

○ 其他主要的标准近似有"循环信念传播""变分贝叶斯",并假设各种分布,使得易于进行精确的推理。

一般情况下必须通过 MCMC 方法来求解，通常为"粒子过滤器"，这是一种专用于时间过滤的 MCMC 的特殊情况。在（少数）所有项都是线性项和高斯项的情况下，存在一种被称为"卡尔曼滤波器"的解决方案。

6.4 贝叶斯网络

贝叶斯网络用图形来表示变量之间的因果关系。形式上，术语 $P(X_i \mid \{X_i^{(1)}, \cdots, X_i^{(N_i)}\})$ 共同定义了联合分布

$$P(X_1, X_2, \cdots, X_M) = \prod_i P(X_i \mid \{X_i^{(1)}, \cdots, X_i^{(N_i)}\})$$

式中，$X_i^{(j)} \in \{X_k\}_k$，由记为X_i的图形节点和将其父节点$X_i^{(j)}$指向它们的有向连接表示。

6.4.1 红绿灯贝叶斯网络

为了说明一个简单的贝叶斯网络：假设我们关心一条道路的双向交通信号灯的不公平性（即优先考虑一个方向的通行）。为了简化此问题，我们将假设从观察到的方向来看，每个时间点的交通灯颜色要么是红色要么是绿色。

假设交通灯颜色的状态由参数 θ 生成，使得 $P(\text{green}) = \theta$，$P(\text{red}) = 1 - \theta$。$\theta$ 除了已知其值在 0～1 之间外，没有任何先验信息，这被称为"平"或"均匀"先验。取 N 个观察到的数据 $\text{color}_{1:N}$，并试图计算后验置信度 $P(\theta \mid \text{color}_{1:N})$。我们将使用 Beta 分布对 θ 的信念分布进行建模，该分布与高斯分布非常相似，但被压缩到 [0, 1] 范围内，因为我们知道 θ 本身就是一个概率，因此必须位于该范围内。您无须知道 Beta 方程，因为 Beta 模型将由计算机库实现计算，其由两个参数 (α, β) 定义，它们共同决定了分布的均值和方差。图 6.1 所示为具有这些参数的不同值的 Beta 分布的一些示例，包括单调的先验情况$(\alpha, \beta) = (1, 1)$ 以及后验曲线。

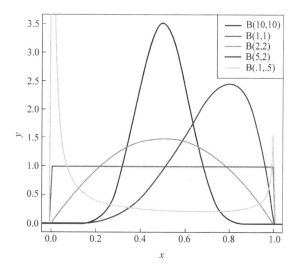

图 6.1　Beta 概率分布示例（见彩插）

简单的贝叶斯网络模型如图 6.2 所示，它指定了交通灯的偏差 θ 导致观察到的颜色的

值，因此联合概率为

$$P(\theta,\text{color}) = \prod_i P(X_i \mid \{X_i^{(1)},\cdots,X_i^{(N_i)}\}) = P(\theta)P(\text{color}\mid\theta)$$

使用贝叶斯网络软件可自动计算网络中变量的近似概率，需要注意的是，推理在计算上比较困难，因此只能计算近似值。图6.3所示为由一些观察数据计算得出的θ的后验分布。从该后验的形状可以确定，θ位于0.198附近。频率分析可能会使用颜色观测值的样本均值，再加上z分数等进一步的统计数据，可以确信该样本均值是真实θ的近似估计。相反，贝叶斯分析准确地表明了$P(\theta)$的信念是多少。您可以从该直方图中获取任何您喜欢的内容，以得出诸如"我们有97%的概率确定θ介于0.195~0.201之间"的报告。

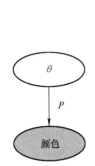

图6.2 交通灯贝叶斯网络

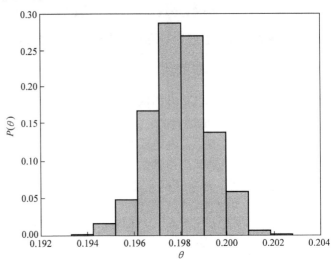

图6.3 推断的参数θ的后验置信度

6.4.2 交通事故贝叶斯网络

接下来，我们将考虑一个更复杂的模型来了解贝叶斯网络如何轻松地推广到简单的频率统计所不能及的地方。

假设我们观察到过去110个月每月道路上的事故数量，它们分别是[4, 5, 4, 0, 1, 4, 3, 4, 0, 6, 3, 3, 4, 0, 2, 6, 3, 3, 5, 4, 5, 3, 1, 4, 4, 1, 5, 5, 3, 4, 2, 5, 2, 2, 3, 4, 2, 1, 3, 2, 2, 1, 1, 1, 1, 3, 0, 0, 1, 0, 1, 1, 0, 0, 3, 1, 0, 3, 2, 2, 0, 1, 1, 1, 0, 1, 0, 1, 0, 0, 0, 2, 1, 0, 0, 0, 1, 1, 0, 3, 3, 1, 1, 2, 1, 1, 1, 1, 2, 4, 2, 0, 0, 1, 4, 0, 0, 0, 1, 0, 0, 0, 0, 0, 1, 0, 0, 1, 0, 1]。

绘制事故数据图形可以发现，某些事情使得时间序列发生了部分变化，从而降低了事故发生率。假设在任何固定的环境状态下，事故的数量k服从泊松分布（即状态具有一个参数λ，它使事故或多或少地发生；并且每个月内的事故互不影响）

$$P(k) = \frac{\lambda^k e^{-k}}{k!}$$

我们可以构建一个模型，假设环境存在两种不同的状态，其中一个高事故状态一直持续到某个时间点，然后再切换到低事故状态。如果我们可以推断出该模型的参数，那么我们就可以得出高低事故状态切换发生的最可能的时间，这将有助于我们查看有关道路基础设施的历史记录并确定可能的原因。也许那时安装了新的路标，或者一些新的建设项目改变了通勤模式。

图 6.4 中所示的贝叶斯网络实现了该模型，即

$$P(X_i) = \prod_i P(X_i \mid X_i^{(1)}, \cdots, X_i^{(N_i)})$$
$$= P(\text{late\_mean})P(\text{early\_mean})P(\text{switchpoint})$$
$$P(\text{rate} \mid \text{late\_mean}, \text{early\_mean}, \text{switchpoint})P(\text{accidents} \mid \text{rate})$$

其中 early_ mean 和 late_ mean 是泊松平均值参数（λ），并且我们假设它们服从指数分布。我们还在发生切换的时间（切换点）上分配一个统一的先验。

6.4.3 事故报告

频率通常显示了各个变量的结果。上述示例中的贝叶斯后验图对于单个变量也是类似的。然而，贝叶斯并不仅限于此类型的报告。

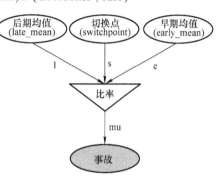

图 6.4 贝叶斯事故模型

有时我们可能对变量的联合分布感兴趣。例如，我们可以在 3D 空间中绘制三个变量（late_mean，switchpoint，early_mean）的联合后验，如图 6.5 所示（黄色和绿色分别显示了阈值中、高概率密度）。

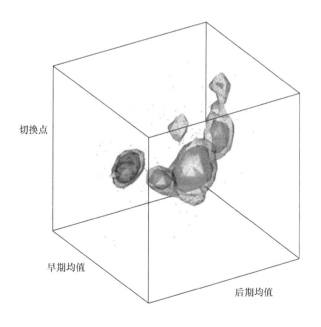

图 6.5 复杂联合后验分布示例（见彩插）

在某些情况下，考虑关联情况可以提供与正在观察的个体变量后验完全不同的画面。在上面的示例中，有几种不同的方法都能够很好地拟合数据，但是需要将所有变量都集中在一

起才能得到合适的值。单独获取每个变量的最佳值可能会导致每个方法的各个方面混淆不清,并且总体拟合度较差。

作为一般原则,贝叶斯学派甚至根本不报告后验。相反,他们使用计算的后验告知某些现实世界最佳动作 $\hat{a}$ 的选择,即

$$\hat{a} = \arg_a \max \sum_s U(a,s) P(s \mid D)$$

从理论上讲,学术研究对贝叶斯派来说是不寻常的特例,因为撰写研究论文通常确实需要对从数据中发现的某些"客观事实"做出声明,而不是采取实际行动。这形成了一种特殊情况,其效用函数只是为报告真相的行为分配了一些固定的正美元价值,否则为零。正如许多成功的交通顾问所知道的那样,其商业咨询报告的现金用途可能会因许多其他政治因素而有所不同,包括"客户想听的内容""客户老板想听的内容",最重要的是,"什么发现将产生最有前途的咨询项目"⊖。

6.4.4 汽车保险

汽车保险公司现在通常使用贝叶斯网络模型来了解事故概率和因素,并设定保险费用。这些模型可能会变得非常复杂,并试图获取许多事故相关因素之间的相互作用,如图6.6所示。

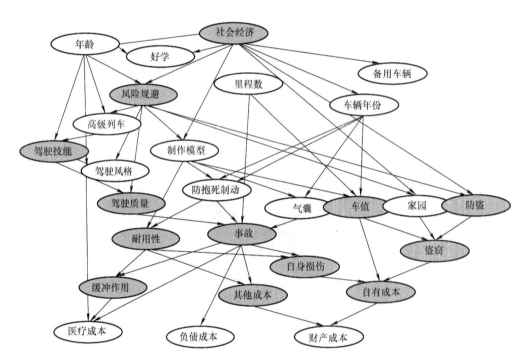

图6.6 汽车保险的贝叶斯网络

⊖ 学术论文出版物在实践中并不是完全摆脱了这些问题,因为它们的价值也是由现代大学管理者用现金价值来衡量的。贝叶斯数据科学家构成了"假科学"运动的很大一部分,该运动试图揭露科学弊端,例如,报告虚假结果或统计解释以获取经济利益。他们认为,虽然科学的理论效用在于报告真相,但在目前的研究管理模式下,个人研究人员更强烈地出于出版和推进他们职业生涯的需要(见www.callingbullshit.org)。

6.5 先验和偏见

对于贝叶斯学派来说，实际上没有所谓的"客观"发现。贝叶斯模型所采取的行动取决于其自身的效用函数，且其潜在概率是由它的先验决定的。

这可能会导致法律和道德问题。例如，在英国法院，利用先验知识是非法的，因为法律模式要求用于陪审团做出决定的所有证据都必须在公共法庭上提供。因此，陪审团成员不得在互联网上调查犯罪嫌疑人或在报纸上阅读有关犯罪嫌疑人的信息。在司法环境中使用先验是字面上的"偏见"，也是这个词的由来。

同样，法律上禁止汽车保险公司使用某些类型的先验信息（如驾驶员性别），以预测事故发生率并设定保费。这可能会导致非常奇怪的情况，例如，某保险公司可能辩称他们仅根据驾驶员对粉色和蓝色衣服的偏好而不是其实际性别做出预测。

- 这些是好的法律吗？为什么是又或者为什么不是？

先验知识的使用也已成为自动驾驶汽车研究中的热门话题。在英国高级驾驶考试（UK Advanced Driving test）中，人类驾驶员接受到的教导知识是根据可获得的任何信息来预测其他道路使用者的可能行为。例如，假设某个特定品牌汽车的驾驶员历来造成了许多事故。可以说，该汽车品牌给人的感觉是"反社会的、不愉快的驾驶员指示器"。当我们在高速公路上看到前方车辆是反社会的、令人不快的驾驶员指示器时，我们就认为发生事故的可能性比平常高，因此我们会采取更保守的驾驶模式。类似的推理可以应用于在道路上观察到的所有类型的"线索"，其中可能包括车辆类型、尺寸、颜色、注册年份；更有争议的是，驾驶员和行人的年龄、性别、肤色、衣服或发型。

- 我们是否应该对自动驾驶汽车进行编程以做出类似的区分？

6.6 因果关系

从历史来看，频率统计在因果关系概念上有诸多问题。经常听到"关联不是因果关系"，并且频率学派常说他们只处理关联关系。相比之下，贝叶斯理论（尤其是贝叶斯网络理论）已经开发出严格的数学工具来处理因果关系，并且乐于使用它们。

像大多数事物一样，因果关系只是人类的感知建构。现代物理学理论并未将其视为基本的本体论范畴。自爱因斯坦的时空论出现以来，时间就被视为另一个维度，而物理学理论通常是"可逆的"，这意味着它们对时间运行的方向漠不关心⊖。在我们看来，因果关系作为一种心理范畴，似乎与"时间箭头"的概念有关，在该概念中会产生先验效应，但是，两名乘坐近光速列车的乘客会看到所谓的"原因"和"效应"以不同的顺序出现。如果物理学确实对纯因果关系的心理学理论提供了任何见识，那么这来自于其熵理论，该理论表明，给定一个高度有序的起点（如大爆炸或大脑的诞生），时间至少会以减少该顺序的方向流向观察者。但是，即使因果关系只是我们自己神经元中熵流产生的一种感知效应，它似乎仍然是一种实用工具。因此在这方面建立模型可以使我们改善运输功能，这才是真正重要的。

⊖ 甚至量子波函数的崩溃也可以用相对论量子场论的方式来建立，它超越了不可逆量子力学。

"真正的科学家"（这里与数据科学家和基础物理学家相对）一直都知道他们确实在使用因果推理。他们通常将研究的目的视为了解原因和后果，特别是工程师可利用足够详细的数据在世上指定想要的干预措施以带来预期效果。例如，假设我们是一家汽车保险公司，并且发现听古典音乐与成为一名好驾驶员之间存在关联。仅凭统计数据是无法确定是什么原因造成这一现象的。但是作为（财务）工程师，我们想知道其中的因果关系，如果我们可通过一种联网设备将我们选择的音乐传输到汽车上，是否应该为同意在他们车上安装这种联网设备的驾驶员提供折扣？"真正的科学家"知道，为了从系统中推断出因果关系，有必要首先在系统中加入一些因果关系，这被称为试验。例如，如果我们让100位驾驶员听Mozart，而另外100位驾驶员听Metallica，并且注意到他们的驾驶同样出色，那么我们可以得出"音乐不会影响驾驶表现"的结论。也许这两个变量还存在其他潜在原因，例如可通过人口统计学来解释它们。

贝叶斯网络理论对理解这一过程有一个很简单的算法规则。尽管可以构造非因果关系的贝叶斯网络，但我们几乎总是在直观地考虑因果语义的情况下进行设计。确切地说，这意味着：

- 如果试验者要强制节点X的值，则写为"do(X)"：
  - 节点X的值将固定为该值，而与其他节点无关。
  - 切断了X与其父节点之间的连接，使它们独立于X，且彼此独立。

如果我们使用这些语义构造网络，则它们在整个推理过程中都会被保留下来，并且有可能对整个网络的因果关系进行推理。例如，我们可以使用诸如$P(Y|do(X)) \neq P(Y|X)$的项进行计算。

在因果贝叶斯网络中将X的近端原因定义为X的任何父节点。将X的远端原因定义为任何节点Y，以便在网络中找到从Y到X的定向路径。例如，汽车撞到行人的位置和速度可能是近端原因，而驾驶员的进取心和上班迟到可能是由于位置和速度影响的远端原因。在此定义中，远端原因包含近端原因。

时间贝叶斯网络模型可自动捕获我们对因果关系的时间直觉（原因在前，产生的效应在后），如图6.7所示（时间从左到右流逝，不可观察的物理过程会随着时间的流逝而变化，每次变化都

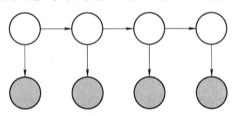

图6.7 时间因果贝叶斯网络

会产生观察量）。例如，如果未观察到的物理过程是车辆的状态，并且观察媒介是诸如CCTV图像之类的传感器，则此网络可对上述道路用户跟踪问题进行建模。

如果数据集最初包含其他一些因果信息，则可以从数据集推断因果关系。这样的信息可以是诸如"X是Y的近端原因""X是Y的远端原因""X不是Y的近端原因""X不是Y的远端原因"之类的陈述形式，甚至是有关此类陈述的先验概率。通常，当从受控试验中收集数据时会获得此类因果信息。如果试验者自己对X取保证值，则他可以保证没有其他变量是X的远端原因。在某些情况下，可以通过基于数据表示内容及收集方式进行假设来从纯被动数据集中提供因果输入信息。例如，汽车踏板上驾驶员脚部位置的被动数据及其速度和加速度的CAN⊖总线记录，可以安全地假设将踏板作为速度和加速度的起因，但反之则不然。

⊖ 控制器区域网络，一种用于车辆内部电子设备之间通信的通用网络标准。

最简单的是，因果推断可以通过假设许多不同的、随机生成的贝叶斯网络模型完成，然后根据数据测试每个模型的拟合度，包括其因果输入语句的拟合度。任何结构违反因果输入语句的假设模型都可以考虑丢弃，即分配概率为零。如果因果输入语句是概率性的，则将这些概率乘以模型的先验概率。原则上，可以针对数据值和因果输入语句的方式测试所有可能模型的空间，然后计算后验模型。实际上，该空间通常很大，因此使用启发式搜索方法从中进行采样。

因果关系问题对于数据科学非常重要，因为它清楚地描述了其与"真实科学"的区别。需要注意的是，"真正的科学家通过因果试验收集自己的数据"，而数据科学家通常不这样做。"真正的科学家"可以通过使用因果输入信息以及他们试验数据中的数值来进行因果推论和建立因果模型。数据科学的工作原理是重复使用他人试验中的旧数据，但通常无法做到这一点。

在某些情况下，数据科学家会在自己的某些（通常是很小的）工作中转而成为"真正的科学家"。如果他能够以某种方式像"真正的科学家"一样找到一些因果数据，这种情况就会发生。这可能以多种方式发生，例如：

- 重复使用本身就是因果关系的旧数据，例如对照试验，并附带原始因果信息作为元数据。
- 有时有可能仅从相关数据中排除（而不是确认）因果假设。
- 有时，数据科学家必须变成一个完全的"真正的科学家"，然后出去收集新的真实的因果数据！这可能比他试图进行因果推断的非因果关系的大数据少得多。例如，他可能有1TB级别的数据，涉及来自数百万驾驶员的速度、个性、汽车收音机的使用以及GPS轨迹，却不知道是什么原因引起的。然后他进行了一次小型实验室研究，仅让100名驾驶员听音乐，并测试了驾驶速度变化的原因。其测试结果可能是因果关系，即音乐是或不是速度变化的远端原因。然后，在"真实"和"数据"科学的混合体中，将模型拟合到更大范围的数百万个驾驶员时，可以将该语句用作先验条件。

简而言之：如果将因果知识嵌入推理中，则可以从推理中读取因果知识。

- 图6.8和图6.9所示为两种气候变化的因果理论。单从数据来看，您觉得这两种说法有说服力吗？如果两种情况下您的逻辑不同，请使用因果模型概念准确说明其原因。

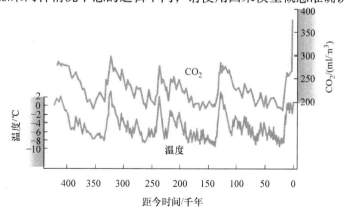

图6.8 气候变化的因果解释（1）

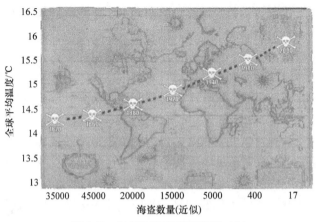

图6.9 气候变化的因果解释（2）

6.7 模型的比较与组合

如果我们可以为某些数据想到两个或多个竞争模型，会发生什么？例如，我们可能会提出一个新的事故数据模型，该模型允许三个不同的环境状态，而不是两个。

贝叶斯理论包含了一种非常好的方式来相互比较模型。频率统计通常难以理解此概念，例如经常提出两个模型，其中一个是"零假设"，其设计与提出的模型显然是错误的或不具有竞争力的。这是基于对卡尔·波普尔的科学哲学中的"假设拒绝"概念的误解提出的。波普尔实际上说的是，科学应该是一个竞争过程，许多模型相互竞争以更好地解释数据。随着时间的推移，人们提出的新的更好的模型取代了旧模型。零假设的提倡者错误地理解了这一点，这意味着他们需要提出两个模型，并表明一个模型是错误的，以便接受另一个模型。贝叶斯学派正确地理解了波普尔的意思。当贝叶斯学派比较模型时，才是严肃的竞争者之间的一场真正的比较。其中没有零假设，相反，多个好模型可能由同一位作者提出，更有意思的是，也可能由其竞争对手提出，并且经过相互面对面的测试以找出哪种方法最好。从理论上讲，这对于模型 M 和数据 D 来说很容易通过下式做到

$$P(M \mid D) = \frac{P(D \mid M) P(M)}{P(D)}$$

在实践中，这虽然很难计算（NP – hard），但是又可以通过算法和计算机软件（如 PyMC3）来估计。作为使用者，您可以仅关心其结果而不必担心其工作原理。

贝叶斯最奇怪的方面之一是"唯一真实模型"的概念往往会随着"真实参数值"消失。通常，您可以通过对整个模型进行平均[○]来选择更好的动作，甚至包括那些不是很好的东西以及在波普尔的科学哲学中会被"歪曲"的东西。贝叶斯主义是一种实用主义哲学——没有"真理"，只有实用性！

$$\hat{a} = \arg_a \max \sum_M \sum_s U(a,s,M) P(s \mid D,M) P(M \mid D)$$

○ 通常，使用其他类型的模型组合，您可以做得甚至比"贝叶斯模型平均"更好。只有当您确信您的假设集包含基本真理而不仅仅是近似时，平均才是最优的［P. Domingos，贝叶斯分类器的平均化和过度拟合问题，国际机器学习会议（ICML），2000年］。

6.8 练习

在贝叶斯网络中使用 PyMC3 实现 MCMC 推理[⊖]。

6.8.1 用 PyMC3 推断交通信号灯

在这里，我们使用 PyMC3 计算上述交通信号灯示例。

```
1.  import pymc3 as pm
2.  from scipy import stats
3.  import matplotlib.pyplot as plt
4.
5.  with pm.Model() as trafficLight_model:
6.      data = stats.bernoulli(0.2).rvs(100000)
7.      theta = pm.Beta("theta", alpha=1.0 , beta=1.0)
8.      color = pm.Bernoulli("color",p=theta,observed=data)
9.      start = pm.find_MAP()
10.     step = pm.Metropolis()
11.     trace = pm.sample(10000,start=start,step = step,model=trafficLig
            ht_model)
12.     pm.traceplot(trace[0:])
13.     plt.show()
```

6.8.2 用 PyMC3 推断事故道路状态变化

在这里，我们使用 PyMC3 计算上述事故示例。与交通信号灯相比，这是一个更加复杂的模型，因为它具有"自定义"的节点、速率，其切换行为未通过任何标准 PyMC3 节点类型进行建模，必须进行显式编程（调用 PyMC3 底层库 Theano 的行实际上是"魔术"，大多数用户不需要理解它们。通过将 Theano 行保持在适当的位置，并仅修改 rate 函数的内部内容，就可以轻松地修改此示例以创建其他客户节点，本节将提供该示例）。

```
1.  import pymc3 as pm
2.  import numpy as np
3.  import theano.tensor as t
4.  import theano from theano.printing
5.  import pydotprint
6.  import matplotlib.pyplot as plt
7.  with pm.Model() as inferAccidents_Model:
8.      data=np.array([ 4, 5, 4, 0, 1])
9.      switchpoint = pm.DiscreteUniform('switchpoint',lower=0,upper=110)
```

[⊖] 感谢 ITS 利兹的学生 Panagiotis Spyridakos 将此代码移植到 PyMC3。

```
10.     early_mean = pm.Exponential('early_mean', 1.0)
11.     late_mean = pm.Exponential('late_mean', 1.0)
12.     @theano.compile.ops.as_op(itypes=[t.lscalar,\t.dscalar,t.dscalar],
        otypes=[t.dvector])
13.     def rate(switchpoint, early_mean, late_mean):
14.         out=np.empty(len(data))
15.         out[:switchpoint] = early_mean
16.         out[switchpoint:] = late_mean
17.         return out.flatten()
18.     accidents = pm.Poisson('accidents', \
19.     mu=rate(switchpoint, early_mean, late_mean), observed=data)
20.     pydotprint(inferAccidents_Model.logpt)
21.     start = pm.find_MAP()
22.     step = pm.Metropolis()
23.     trace=pm.sample(1e4, start=start, \
24.     step = step, model=inferAccidents_Model)
25. pm.traceplot(trace[0:])
26. plt.show()
```

其结果将是直方图，该直方图显示关于切换时间的后验信念，以及两种环境状态的泊松参数。

6.8.3 切换泊松动态

使用上面的事故模型，以及来自德比郡县议会的数据，建立切换泊松模型，该泊松模型用于在一天中的某个时间（5min）内对样本起点－目的地路线上的旅程次数进行转换。可在此模型上进行变体试验，如使用两个以上的环境状态。

仅在纸上或在 PyMC3 中设计，PyMC3 是另一个 DCC 应用程序的贝叶斯网络模型。

6.9 延伸阅读

- Stone JV（2013）Bayes' rule：a tutorial introduction to Bayesian analysis. Sebtel Press（Easy. The best place to start learning Bayes）.
- Bernardo，JM，Smith AFM（2001）Bayesian theory. vol 221（Advanced. The brilliant, definitive book on Bayes）.
- Pearl J（1988）Probabilistic reasoning in intelligent systems：networks of plausible inference. Morgan Kaufmann（The brilliant, definitive book on Bayesian Networks）.
- Pearl J（2009）Causality. Cambridge University Press（Definitive book on causality）.
- Glymore G，Cooper G（1999）Computation, causation, and discovery. AAAI Press（Includes debates about whether causal inference works）.
- http：//docs. pymc. io/index. html（Full PyMC3 reference）.
- R. vs Clerk. 2003. EWCA Crim 1020. Case No：200203824 Y3.

第 7 章

机器学习

在当前的广泛应用中,"机器学习"是指模型直接学会将分类作为数据功能,而无须使用任何生成或因果模型。给定一些已知的数据对 $\{(x_n, c_n)\}_n$,其中 x_n 是特征,c_n 是离散类别,然后要求通过某个函数 $c_m = f(x_m, \theta)$ 查找单个新数据点 x_m 的类别 c_m。机器学习就是要找到这个参数 θ。

这更精确地说是"区别性分类"[○],也被非正式地称为"黑匣子"建模,它强调其目的是在不使用任何可理解或有意义的内容的情况下提供有用的输出。

从历史上看,分类和 AI 研究通常每十年在"整洁"的理论驱动和"破旧的"的黑匣子方法之间摇摆一次。生成推理是一种在 2000 年来占主导地位的"整洁"的方法,而最近几年通过分层线性参数回归(在流行文献中也被称为"神经网络"或"深度学习")又回归到了判别方法。所有这些方法已经存在了五十多年(Duda 和 Hart, 1973),但它们的流行与否在很大程度上取决于实用计算硬件的状态和价格。当前的趋势是由并行 GPU 硬件的价格下降所推动的,尤其是 NVidia 公司的产品价格下降,该公司重新利用了其廉价的消费类视频游戏产品来非常快地运行这些模型。

7.1 产生性与区分性汽车排放

第 6 章介绍的贝叶斯推断利用生成模型来理解观察到的数据,其中的模型描述了数据产生的因果过程。这些过程通过隐藏变量(如交通信号灯的 θ)进行参数化。贝叶斯理论采用生成模型 $P(D|\theta)$ 和贝叶斯规则逆向计算 $P(\theta|D)$。

我们也可以使用生成模型进行分类。假设我们有两个 c 类车辆[汽油(p)汽车和柴油(d)汽车]的排放水平数据 x,并且想从它们的排放检测数据识别车辆类型。假设排放数据是二维的,含有 NO_x 和 CO_2 成分,则

$$x = [NO_x, CO_2]$$

使用生成贝叶斯建模,我们可以将每种类型的车辆建模为在排放水平上具有各自的二维

[○] 在学术界,"机器学习"被一个松散的社区用来命名相关研究的各个领域,随着时间的推移,它们的优先次序和流行程度发生了变化。区别性分类是一个这样的主题,它已经从这个研究社区跨越到实践中,并取了更大社区的名字。在它的整个历史中,学术"机器学习"也探索了非概率符号范畴学习、时间强化学习、博弈论、生成贝叶斯推断等主题。

高斯分布

$$P(x\mid p) = N(\mu_p, \Sigma_p)$$
$$P(x\mid d) = N(\mu_d, \Sigma_d)$$

式中，μ 是均值；Σ 是协方差矩阵。

$$N(\mu, \Sigma) = \frac{1}{(2\pi)^{\text{dims}/2}\mid\Sigma\mid}\exp\left[-\frac{1}{2}(x-\mu)\Sigma^{-1}(x-\mu)\right]$$

如果我们假设协方差矩阵相等，并且是圆对称（circularly symmetric）的，那么这些高斯分布将在 2D（NO_x，CO_2）状态空间中以圆形密度出现

$$\Sigma_p = \Sigma_d = \begin{bmatrix} \sigma & 0 \\ 0 & \sigma \end{bmatrix}$$

图 7.1 所示为从每个高斯分布中抽取的 100 个样本以及类别之间的分隔线。

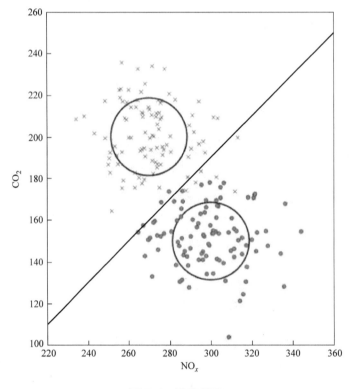

图 7.1 排放判别

为了使用数据对两个模型进行拟合，我们必须拟合五个参数：每个类的两个均值向量分量和单个标准差 σ。为了根据观测到的排放量对新车的类型进行分类，我们将通过贝叶斯定理在这些参数下计算出 $P(c=d\mid x)$ 和 $P(c=p\mid x)$，然后选择最高值作为分类结果报告。

但是，对于上述问题，有一种更简单、更快速的方法可以获得相同的分类。思考上面的 2D 状态空间，该空间的哪些区域会被分类为汽油类别，哪些区域又被分类为柴油类别？换句话说，在哪个区域内哪个高斯分布具有更高值？因为我们假定高斯是圆形的，所以他们有效地将空间划分为两个分类区域，它们的边界为一条直线，如图 7.1 所示。我们知道，直线可以通过两个变量（截距和斜率）进行参数化。因此，我们可以只拟合两个参数来描述相

同的分类边界，而不用对数据拟合出五个参数。计算新点位于直线的哪一侧比在生成模型中运行推理要快得多，例如，它可以实时运行，但 PyMC3 则不能。这就是判别模型的思想：它不是对生成参数进行建模，而仅对分类边界的形状进行建模[○]。

7.2 简单分类

7.2.1 线性判别分析（LDA）

参见 Duda 和 Hart 的理论，可以得出两类高斯问题的最佳分割边界是线性的，如图 7.1 所示。因此，我们可以通过优化问题找到最佳分隔线

$$(\boldsymbol{w}, t) = \arg_{\boldsymbol{w},c} \max \sum_n [(\boldsymbol{w} \cdot \boldsymbol{x}_n > t) = c_n]$$

式中，$c_n \in \{0, 1\}$ 是用二进制表示的数据 $\boldsymbol{x}_n$ 的真实类别（0 = 汽油，1 = 柴油）；等式的布尔值也被解释为整数（0 = False，1 = True）。

这是一个具有解析解的线性优化问题。您不需要知道它的推导过程，因为许多软件包中已经为您实现了它。

- 它在什么时候可能会起作用？什么时候又会失败？

7.2.2 最邻近分析

通常的数据不是线性可分的，需要进行更强大的分类。最简单的分类器通常为最近邻。在其中，当出现一个新数据点 $\boldsymbol{x}$ 时，我们只需测量它与数据库中每个已知分类点的距离即可。我们在数据库中找到一个最佳匹配项，获得其类别，然后将新数据点划分到此类别中

$$c = c_m$$

其中，

$$m = \arg_n \min |\boldsymbol{x} - \boldsymbol{x}_n|^2$$

在这种情况下，我们使用 L2 范数（即两个向量之间的勾股距离）作为距离度量函数，但也可以选择其他距离度量函数（这是一个被称为该方法的大型方法的简单示例，该方法将新点直接与部分或全部旧数据进行比较，而不是通过任何数据压缩方法进行比较，如分离平面参数）。

- 最近邻在什么时候可能会起作用？什么时候又会失败？

7.2.3 模块匹配

如果您没有足够的计算时间来使用最近邻方法，一种密切相关的方法是计算每个类的单个"原型"或"模板"模型。例如，可以简单地通过取每个类的均值来做到这一点

$$\overline{x}^{(c)} = \frac{1}{\sum (c_n = c)} \sum_n \boldsymbol{x}_n (c_n = c)$$

[○] 据作者所知，一个有趣的、仍然是开放的研究问题是，在什么情况下，特定类型的生成模型可以这样"编译"成简单的判别分类器。例如，给定一个任意贝叶斯网络，是否有一种算法将其决策边界计算为一个快速的解析方程，然后可以用作分类器？更启发式地说，"Helmholtz 机器"描述了使用从生成模型中提取的样本来训练任意灵活的分类器的想法，如 Hierachical Sigmoid 回归模型。

然后通过下式分类

$$c = \arg_c \min |\boldsymbol{x} - \overline{\boldsymbol{x}}^{(c)}|^2$$

此方法通常用于自动车牌识别（Automated Number Plate Recognition，ANPR）中，例如第 1 章中 M25 高速公路研究中就使用了它。在 ANPR 中，一个单独的过程首先是提取车牌照片，然后将其标准化为标准像素大小。如果我们知道车牌中有标准尺寸的字符串，则可以将该图像划分为每个字符区域大小，如图 7.2 中 "S" 周围的黑框所示。

在此示例中，每个字符包含在一个 20 像素×30 像素的框中，可以将这 600 个像素进行量化（0 = 白色，1 = 黑色），并将其插入 600 元素向量中。这些向量在训练期间用于构建均值样板，并在运行时与标准模板进行比较。

图 7.2 ANPR 机器视觉阶段展示

- 模块匹配在什么时候可能会起作用？什么时候又会失败？

7.2.4 朴素贝叶斯分类

朴素贝叶斯是一种判别式分类器，其源于由数据构建的简单生成贝叶斯模型。首先假定在给定类别情况下观察到的特征彼此独立

$$P(\boldsymbol{x}|c) = \prod_i P(x^{(i)}|c)$$

其次，所有类别的先验均相等

$$P(c_i) = \pi, \forall i$$

在这些假设下，通过贝叶斯定理可得

$$P(c|\boldsymbol{x}) \propto \prod_i P(x^i|c)$$

式中，$P(x^i|c)$ 可分别根据历史数据拟合。

即使我们真正的生成模型特征之间存在依赖关系，仍可以使用此分类器。独立性假设仅用于构建简化的判别式分类器，而不是完整的生成模型。

- 朴素贝叶斯分类在什么时候可能会起作用？什么时候又会失败？

7.2.5 决策树

决策树是简单的分类器，其操作类似于 "20 个问题" 的游戏。在游戏中，有人挑选了一个名人，您最多可以问 20 个问题以找出该人是谁。例如：

1）这个人还活着吗？没有。
2）他生活在 1500 年之后吗？是的。
3）他生活在 1900 年之前吗？是的。
4）他是男性吗？是的。
5）他是个艺术家吗？不是。
6）他从事交通运输工作吗？是的。

7）是他设计的汽车吗？是的。

8）他是罗伯特·斯蒂芬森吗？不是。

9）他从事大规模生产吗？是的。

10）他是亨利·福特吗？是的。

一旦学会了这个游戏，您就要在每个步骤中选择能提供最大信息量的问题。在面对是/否类的问题时，这意味着您应该事先确定答案的50%是"是"或"否"，决策树在面对布尔数据时完全能够做到这一点。更普遍地说，如果将它们应用于连续值时，将会发现信息量最大的问题，例如：

1）$x<3$吗？是的。

2）$y<0.5$吗？不是。

3）$x<0.2$吗？是的。

4）$y>0.8$吗？是的。

5）我认为这个是汽油车。

图7.3所示为决策树。形式上，"最大限度地提供信息"是指根据历史数据，获得问题的答案以减少类别后验的熵。在每个步骤中，大多数决策树算法都会选择单个问题来最大限度地减少熵，这被称为"贪心算法"，因为它不考虑序列中问题之间的关系，但通常足够好了。

- 决策树在什么时候可能会起作用？什么时候又会失败？

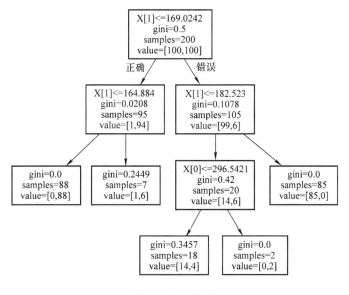

图7.3　决策树

7.3　神经网络和"深度学习"

可以将上述所有生成和判别方法都视为将特征空间划分为带有类标签的离散分区。它们都对划分边界的形状增加了不同的约束和假设，其是边界形状的有效先验。很自然地会有人问是否有可能建立具有多个参数 θ 的判别分类器，这些参数允许描述任何边界形状。例如，假设我们具有图 7.4 所示的两类别的三维特征集。我们可以看到确实存在一些非常弯曲且不规则的边界平面，这可以用来进行几乎完美的判别。

实际上，有许多类别的参数函数可以对任意边界进行建模，例如

$$c = F(\boldsymbol{x}; \theta)$$

其中一个类的任何特定函数必然具有有限数量的参数，因此对其可建模的内容会有一些限制。但是考虑到类别函数具有越来越多的参数，可以证明随着参数数量的增加，可以对任意边界进行建模。可以通过梯度下降法（大小为 α）找到参数的局部最优解

$$\Delta\theta = -\alpha \nabla_\theta E$$

式中，E 是衡量模型对训练数据类别的预测值与其真实值之间总误差的量度。

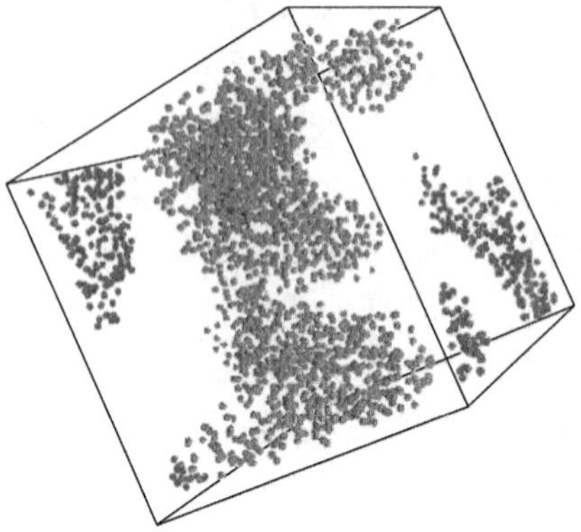

$$E = \sum_n [c_n - F(\boldsymbol{x}_n; \theta)]^2$$

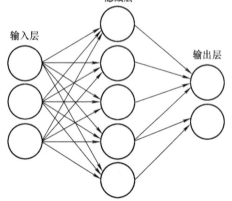

图 7.4　非线性决策边界

尽管有很多此类函数，但传统上使用的具有良好计算性能的一类是层次线性参数回归（hierarchical linear – in – parameters regression，HLIPR）函数（这些有时被媒体和商人称为"神经网络""深度学习""深度神经网络""人工智能""电子大脑"等）。

HLIPR 基于线性参数回归，找到权重 ω_i 来近似一个连续值函数 $y(\boldsymbol{x})$

$$y(\boldsymbol{x}) \approx \hat{y}(\boldsymbol{x}) = f(\sum_i \omega_i x_i)$$

式中，x_0 通常固定为 1（称为"偏置"或"affinating"项），输入以 $x_{i>0}$ 表示；f 是一些非线性函数，例如常用的 sigmoid 函数或者 ReLU 函数

$$f(v) = \sigma(v) = \frac{1}{1 + e^{-v}}$$

$$f(v) = \text{ReLU}(v) = \max(0, v)$$

HLIPR 使用许多类似的函数，这些函数按层排列，每一层的输出作为下一层的输入，可以将其视为图 7.5 中图形的节点。

这不是贝叶斯网络，箭头指向相反的方向，从结果到原因，因为我们在进行分类而不是生成模型。

"线性参数"表示 f 是一维实数输入的非线性函数，但输入本身是多个输入的线性加权函数。如果我们仅使用线性函数而不是线性参数建立这样的网络，则多层将是多余的，我们可以将整个模型用一个简单的线性回归表示。节点中非线性的使用可将复杂性引入模型中。HLIPR 是无限类的函数，每个函数都由具有不同数量的层和节点组成，并且可选择不同的线性参数函数。可以证明，此类可以

图 7.5　神经网络结构

建模任何（非病理性[1]）具有一定数量的层和节点的函数。

对于最后一层，我们将布尔值 $c \in [0, 1]$ 视为实数，$y \in [0, 1]$[2]。

因此，目标是根据示例对某些函数 $y(x) \in [0, 1]$ 进行建模。

我们将使用一种表示法约定：第 j 层具有 J 个节点，用 j 进行索引，各层连接为 $k \to j \to i$。对于每一层的输出，有

$$y_j = f(x_j) \tag{7.1}$$

$$x_j = \sum \omega_{kj} y_k \tag{7.2}$$

式中，f 是一个线性参数函数变量 y_j 的任意可微函数。

对于任意误差函数 E，我们希望通过沿梯度方向移动设置权重，以将其局部最小化

$$\Delta \omega_{kj} = \alpha \frac{\delta E}{\delta \omega_{kj}} \tag{7.3}$$

定义

$$\Delta_j = \frac{\delta E}{\delta y_j} \frac{\delta y_j}{\delta x_j} \tag{7.4}$$

然后通过链式法则可得

$$\frac{\delta E}{\delta \omega_{kj}} = \left[\frac{\delta E}{\delta y_j} \frac{\delta y_j}{\delta x_j} \right] \frac{\delta x_j}{\delta \omega_{kj}} \tag{7.5}$$

$$\frac{\delta E}{\delta \omega_{kj}} = \Delta_j y_k \tag{7.6}$$

$\frac{\delta y_j}{\delta x_j}$ 是激活函数的简单梯度，有

$$\frac{\delta E}{\delta y_j} = \sum_i \frac{\delta E}{\delta y_j} \frac{\delta y_j}{\delta x_j} \frac{\delta x_j}{\delta y_j} \tag{7.7}$$

$$\frac{\delta E}{\delta y_j} = \sum_i \Delta_i \omega_{ji} \tag{7.8}$$

将其插入 Δ_j 的定义中即可进行"反向传播"迭代

$$\Delta_j = \frac{\delta y_j}{\delta x_j} \sum_i \Delta_i \omega_{ji} \tag{7.9}$$

最后一层是特殊情况，因为我们知道训练数据期望的输出标签 c 是什么。E 仅是索引 d 的训练数据上第 i 层的一个函数，如[3]

$$E = \sum_d \sum_i \frac{1}{2} [c_i^{(d)} - y_i^{(d)}]^2 \tag{7.10}$$

这个最小二乘误差函数在理论上是由高斯噪声假设引起的，但实际上是为了在数学上更好计算而选择的，因为

$$\frac{\delta E}{\delta y_j} = \sum_d \sum_i [y_i^{(d)} - t_i^{(d)} y_i^{(d)}] \tag{7.11}$$

---

[1] 纯粹的数学家可能喜欢发现奇怪的、非连续的函数来打破这一点；而数据科学家并不在乎。

[2] HLIPR 可以更普遍地用于近似任何实值函数，而不仅仅是二进制分类，因此它的名称中是"回归"而不仅是"分类器"。

[3] 由于我们正在做分类而不是回归，$y_i = y$、$c_i = c$、$i = \{0\}$，即只有一个输出节点。对于更一般的回归，输出可能是高维的，i 等于一个更大的索引集。这里给出了广义回归的版本，以备需要。

如果我们选择特殊的 sigmoid 函数进行非线性化处理

$$f(x) = \sigma(x) = \frac{1}{1+e^{-x}} \qquad (7.12)$$

$$\sigma'(x) = \sigma(x)[1-\sigma(x)] \qquad (7.13)$$

$$\Delta_j = \sigma(x)[1-\sigma(x)]\sum_i \Delta_i \omega_{ji} \qquad (7.14)$$

$$\Delta\omega_{jk} = \alpha\Delta_j y_k \qquad (7.15)$$

这个简单的更新以及反向传播更新实际上已在大多数神经网络软件中编程实现了。这些都是一起计算每一层的反向传播项 Δ_j 的递归运算，它们从输出层开始并向输入层传播（因此称为"反向传播"）。这种计算模式与网络正向计算相反，后者从输入层开始并向输出层移动更新每一层。同样在反向传播期间的每一层的参数 ω_{jk} 也使用 Δ_j 进行更新。由于使用了线性参数函数，因此出现了这种很好的计算结构。如果使用任意的非线性函数 f，那么我们将无法获得反向传播结构（证明：自行练习）。

并行计算反向传播

反向传播的思想至少可以追溯到 20 世纪六七十年代，甚至可以追溯到艾伦·图灵（Alan Turing）1948 年在"B 型机"上的工作。使用梯度下降法来调整模型参数的基本思想是显而易见的，但利用线性参数函数使计算变得快速和简单是一个聪明的发现。但是，即使有了反向传播的加速，从 20 世纪 60 年代到当前 10 年的串行计算机仍然只具有优化几个层（如 3 层）和每层包含少数单元（如 100 个）的模型参数的原始处理能力，这些都适用于证明概念和解决简单的分类问题，且这些模型只是无限类别的分层线性参数回归函数的一小部分。

在这 10 年中，实现该类中更大模型的反向传播已成为可能，例如，具有 10 层，且每层具有数千个单元的模型。这是因为：

- 为游戏玩家量产的消费类图形单元（感谢 NVidia）。
- 廉价的网络和网络间的可用性使能并行台式计算机计算（感谢 Cisco）。
- 计算硬件的总体价格下降（感谢中国）。

反向传播方程的结构基于图中节点建立，使得非常适合于并行计算实现，其中的节点可以存在于不同的计算机或处理组件上，并且可以通过网络或总线在不同组件之间发送 Δ_j 项。基于上述硬件技术，反向传播的软件实现可以广泛地利用这种结构。一些流行的软件包主要有 Caffe（在 CUDA 上运行，不久将在 OpenCL 上运行）、谷歌的 TensorFlow（同 Caffe 运行环境）及 DI4J（DeepLearning4Java，在 Hadoop 集群上运行）。其中，OpenCL 是许多 GPU 显卡及 FPGA 和其他并行计算机的编程层；CUDA 与之相似，但仅适用于 NVidia 的专有显卡。

深度学习主要是 HLIPR 的当代营销术语。如果它具有任何技术意义，那么最好使用它专门指代并行计算的 HLIPR（这通常可以训练具有更多层的更大网络）。这是类似于"大数据"的定义形式，我们还将根据并行计算而不是大小来定义它。

7.4 局限与拓展

边界假设。 简单分类器都对分类边界的形状做出了不同的、特殊的假设。对于 LDA 来说，它是线性的。对于决策树来说，它是箱形（boxy）的。对于模块和最近邻来说，它是以示例或均值为中心的点滴状（blobby）的。所有分类器都假定空间是"平滑的"，因为

"靠近"另一个点的点将被视为相同的类别。

定义相似性。这引出了两个实体的"近邻"或"相似"是什么的问题？所有这些分类模型都假设实体由很好定义的、有限维的特征空间中的向量表示，这些特征空间带有距离指标（distance metrics），但这种假设并非总是如此。作为人类，当没有将实体作为特征空间中的向量呈现给我们时，我们也能够将许多对实体视为"相似"。例如，与保时捷 Boxster 更"相似"的是 MG TF 或是 Audi TT？也许我们人类的相似性概念会更多地考虑"特征"，如发动机尺寸或加速度；或是受"白痴"或装腔作势者驱使的社会因素？有些人（包括他们的某些驾驶员）可能根本没有感知到其中的一些特征，或者会选择发明和感知对他们很重要的其他特征。在相似性判断中可以构建和加权的特征数量是无限的，而空间特征分类器则不考虑这一点，它们假设选择已由聪明的人类完成了。

场景分析。与生成模型一样，我们并不总是一开始就知道一个实体是什么样的，这是开始任何分类过程所必需的。例如，如果我们希望在自动驾驶汽车的摄像头图像中对行人进行分类，则需要其他一些方法来找出行人所在的位置，然后才能计算特征以对其进行描述和分类。这是一个鸡与蛋的问题，即如果我们首先不知道要指向哪里，那么我们如何建立一个分类器来区分行人和非行人？实际上，这通常通过"初始（priming）"假设来解决。这使用了场景的一些简单、快速的特征以对行人的行为做出第一个粗略的预测，并将其应用于场景中每个可能的位置。然后将有趣的候选对象传递给计算量更大的分类器，以进行更详细的分析。对于视觉任务，已经发现"卷积神经网络"的拓扑和函数往往运行良好，这将每个函数可用的数据限制在本地视觉窗口中。

过拟合。HLIPR 模型可以具有任意数量的参数，例如，当前的硬件可以运行数百万或数千万个参数。与生成模型一样，较大的参数空间需要更多数据来拟合它们。没有足够的数据，优化将过度拟合训练数据，并且无法对新实例进行分类。在某种程度上，现代数据集已足够大到可以避免此问题的出现。如果您使用的是搜索引擎大小的数据，那么数据量已足够。在理论上，对于需要多少数据才能拟合特定模型仍未得到很好的理解[⊖]。实际上，可以通过使用单独的训练和验证数据集来避免此问题的产生。训练数据用于训练分类器，然后在验证数据上对其进行测试。如果模型在验证数据上的表现很差，则表明产生了过拟合，那么可以返回使用额外的数据或使用较少的参数进行训练以避免这种情况。首先，防止过拟合的一个有用技巧是有意将噪声添加到训练数据的多个副本中。一些 HLIPR 模型通过将高维节点的输出以及数据本身随机化来实现此目的，这被称为"dropout"训练。

集成（Ensembles）。与生成贝叶斯网络模型一样，可以通过比较或组合多个分类器的结果以获得更佳分类结果。这比使用生成模型更为重要，因为通常使用"黑匣子"分类器时，与理论驱动的生成模型相比，我们对数据或模型的结构了解更少一些。一种简单的方法就是训练许多个分类器，并在测试集上对其进行测试，以找出最佳分类器。然后，会有多种方法组合多个分类器，包括简单的平均或投票、贝叶斯平均或更复杂的方案，如"套袋法（bagging）"和"提升法（boosting）"。这些可以应用于不同训练数据子集的同一简单分类器的多个副本，以形成复杂且性能更好的"集成"分类器，其类似于 HLIPR 模型。通过组合多个决策树的特定模型称为"随机森林"。这样的集成分类器通常会赢得机器学习竞赛，如 Net-

---

⊖ 也许有或应该有一些理论表明，我们对最佳参数值的信念的熵是如何受到数据影响的，并由此计算需要多少信息才能获得足够紧密的信念。

Flix 挑战赛和 Kaggle 竞赛。

挖掘。对于"整洁（neat）"的贝叶斯来说，判别方法可能很邋遢和令人不悦。使用的函数的任意性表明了对模型先验性应该是什么的担忧，而较大的参数空间则表明了对过拟合的担忧。任何特定模型和参数组合正确的先验概率似乎都很小，这表明只有非常强的拟合才能克服这种弱先验（如果模型不是基于先验生成理论构建，它们不会有先验）。有时候是这种情况，许多研究都被认为是"数据挖掘"或"p 值操纵"[一]，他们实际上尝试了数百万种可能的随机模型，直到他们找到并发布适合某些数据的模型为止。这样的模型不太可能在将来的任何数据上起作用！同样，可以通过使用单独的训练、验证和测试数据集来解决此问题。任何对训练数据过拟合的模型都将会在验证数据上失效。最终的准确性报告应使用单独的测试集，并且在研究结束时只能进行一次测试。无论如何，"拟合测试集"是数据科学家可能被指控的最严重的罪行之一，并且可能导致伪造出版物和虚假模型[二]。永远不要这样做！

判别模型与政治歧视一样具有"歧视性"！与生成方法不同，它们不对真实世界中实际发生的情况进行建模，只是在寻找从表面特征直接映射到潜在原因的猜测概率的捷径。判别模型可能会发现穿着棕色衣服、拥有棕色眼睛或棕色皮肤的人或多或少会以某种方式行事，但这并不意味着具有此特征的特定人会这样做，或应以某种方式对待。

无监督方法与生成模型一样，可将未分类的数据进行聚类，并同时学习这些类的分类器参数。对于判别式分类器，通常使用 EM 算法来完成。例如，将 EM 应用于模板分类器时，它会在将训练数据分类到那些类的同时推断定型的聚类中心，这就是所谓的"k – means"算法。

7.5 练习

以下是一种在 Python 中生成与前面的 NO_x/CO_2 示例类似的随机高斯分布数据的方法：

```
1. import numpy as np
2. from matplotlib.pyplot import *
3. mu_p = np.array([270, 200])
4. mu_d = np.array([300, 150])
5. sigma = 250
6. sigma = np.matrix([[sigma, 0], [0, sigma]])
7. xs_p = np.random.multivariate_normal(mu_p, Sigma, 100)
8. xs_d = np.random.multivariate_normal(mu_d, Sigma, 100)
9. clf()
10.plot(xs_p[:,0], xs_p[:,1], 'bx')
11.plot(xs_d[:,0], xs_d[:,1] , 'ro' )
12.xlabel("NOx") ylabel("CO2")
13.show()
```

[一] 该名称来自频率统计中的 p 值。贝叶斯不使用这些统计数据，而是继承了即使是通过贝叶斯方法所犯罪行的名称。

[二] 对于金融数据来说，这意味着损失了很多其他人的钱。

使用此数据来拟合简单的分类器模型并对新的数据点进行分类。通过对覆盖该空间的整个点网格进行分类,以展示分类边界的图像。

例如,在 Python 中执行 LDA:

```
1.  import sklearn.discriminant_analysis
2.  import numpy as np
3.  x = np.array([[-1, -1], [-2, -1], [-3, -2], [1, 1], [2, 1]])
4.  c = np.array([1, 1, 1, 2, 2])
5.  lda = sklearn.discriminant_analysis.LinearDiscriminantAnalysis()
6.  lda.fit(x, c)
7.  print(lda.predict([[-0.8, -1]]))
```

下面是如何在 Python 中构建上述排放示例的决策树(使用称为 CART 的算法)。为了准备数据,我们需要将所有输入情况作为单个 x 向量,并将所有相应的类作为 c 向量:

```
1.  xs = np.vstack((xs_p, xs_d))
2.  cs = np.hstack((zeros(xs_p.shape[0]), ones(xs_d.shape[0])))
```

建立和拟合决策树:

```
1.  from sklearn.tree import DecisionTreeClassifier, export_graphviz
2.  dt = DecisionTreeClassifier(min_samples_split=20, random_state=99)
3.  dt.fit(xs, cs)
```

绘制树:

```
1.  import subprocess
2.  with open("foo.dot", 'w') as f:
3.      f = export_graphviz(dt, feature_names=["f","g"], out_file=f)
4.  subprocess.call("dot -Tpng foo.dot -o dt.png", shell=True)
```

这里我们使用同样的数据来训练并使用神经网络进行分类:

```
1.  from sklearn.neural_network import MLPClassifier
2.  clf = MLPClassifier(solver='lbfgs',alpha=1e-5,hidden_layer_sizes=(10,
        10), random_state=1)
3.  clf.fit(xs, cs)
4.  cs_hat_nn = clf.predict(xs)
5.  print(cs)              #真实类别
6.  print(cs_hat_nn)       #预测类别
```

(高级)查找并下载一些 ANPR 字符数据,基于其构建和测试模板分类器,并基于其构建和测试其他分类器。

(高级)在 GPU 硬件上安装"深度学习"神经网络软件非常复杂,其超出了本书的范围。对于初学者而言,编写时最好的方法是找到一个预安装的设备来使用,并阅读其教程文档。一些大学拥有这样的设备,可供外部用户使用,或者,租用诸如 Amazon EC2 之类的互联网"云"服务(https://aws.amazon.com/amazon-ai/amis/)。查找安装了 Keras 或 Caffe

库的商用服务器，然后用它来训练更大的网络。可能有一天，上述基于 sklearn 的代码在您的 GPU 机器上很快可以从"只是工作"自动切换到"深度学习"模式，无论是通过未来的 sklearn 版本还是通过相关项目（如 https：// github. com/tensorflow/ skflow）。

思考使用德比郡数据的判别分类可以提出哪些有趣的问题，设计并构建一个系统（例如：我们可以通过将白天的检测次数分割到时间段中来为路线创建特征，然后使用无监督方法将其分为诸如早晚通勤路线之类的道路；或者，可以尝试使用一组道路中的流量预测另一条道路上的流量）。

7.6 延伸阅读

- Duda R, Hart P (1973) Pattern classification and scene analysis. Wiley. (There is also an updated 2001 edition – can you spot how much has actually changed from 28 years of machine learning research?).
- Bishop C (1995) Neural networks for pattern recognition, Oxford.
- Harley A Demystifying convolutional neural networks. www. scs. ryerson. ca/ ~ aharley/ neural – networks (if you want to see what the convolutional neural net functions look like for machine vision tasks).
- Breiman L, Friedman J, Olshen R, Stone V C (1984) Classification and regression trees, Wadsworth, Belmont, CA.
- French B (1995) The subltey of sameness. MIT Press (An argument against feature – space classification as "intelligence").

第 8 章

空间分析

"一切都与其他事物相关,但近处的事物比遥远的事物更为相关。"

——托布勒第一地理定律

空间数据通常以托布勒（Tobler）的地理学第一定律为特征,该定律指明地理数据在空间上是平滑的,并且我们可以根据附近点的观测值 $(x + \Delta x, y + \Delta y)$ 获得一个未观测点 (x, y) 的信息,在非空间任务中也经常出现这样的情况。例如,判别分类的整个理论都是基于这样的假设,即在特征空间中接近的实体是"相似"的,并且可能属于同一类。还有用于优化分类器参数的梯度下降算法,包括反向传播,该算法对参数空间中误差函数的平滑度做出了类似的假设。对于这些方法,这种假设是否成立以及为什么一直成立尚有争议。但是对于地理数据,我们通常更加确信。这是因为大多数地理演变过程（包括物理过程和人为过程）都有其发生的一些空间位置,其影响往往随距离而消散。火山喷发就是一个很好的例子,火山喷发有着明确的中心位置,熔岩堆积,但在数百或数千米外消散,形成一个如图 8.1 所示的山峰。

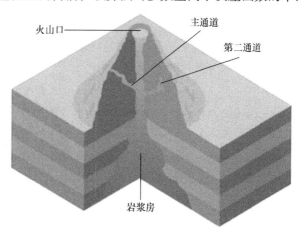

图 8.1　火山展示的托布勒第一地理定律

这种消散的概念是很常见的。例如,我们可以以类似的方式对一种新型电动踏板车（如 Drive Daddy *Rolly*）的使用量在城市人群中的扩散进行建模。一个早期使用者购买了踏板车,然后将在城市中移动,并把踏板车介绍给他的朋友。他们的朋友再告诉朋友的朋友,这个事情就逐渐散布在整个城市。如果我们假设朋友倾向于彼此靠近生活,人群和友谊纽带密度均匀,并且每一个友谊都有相等的机会转化为购买,那么我们在空间上绘制购买图,将看到相同的火山形状。我们绘制的几乎任何物理或人类地图都将显示出一定程度的空间平滑度。在物理学中,大多数事物倾向于以球对称性在三维上耗散,从而产生 $1/r^2$ 的通量守恒定律。在地理环境中,耗散通常跨越二维域,其中 $1/r$ 是等效通量守恒定律。

8.1 空间数据

对于时间序列等一维数据，我们可以定义信号 f_t 的自相关统计量

$$R(\tau) = \frac{<f_t - \mu>_t <f_{t+\tau} - \mu>_t}{\sigma^2}$$

我们可以以将此想法扩展到二维，有时我们会在意相关的特定方向，可以用以下方式来描述

$$R(x', y') = \frac{<f_{x,y} - \mu> <f_{x+x', y+y'} - \mu>}{\sigma^2}$$

例如，如果我们对交通流的特定方向感兴趣，或者对具有特定方向特征（如河流或丘陵）的市区范围内的交通统计感兴趣，那么这可能是更合适的。在其他情况下，我们想要独立于方向来描述空间相关性，更适合在平坦、均匀的地形上进行交通分析。这可以通过平均无向距离来完成

$$R(d) = \frac{<f_{x,y} - \mu>_{x,y} <f_{x+x', y+y'} - \mu>_{x,y}}{\sigma^2}, d = \sqrt{(x'^2 + y'^2)}$$

它们通常具有与火山函数相同的形状，如图 8.2 所示的"径向基函数"。如果它们与火山函数有很大不同，那么可能表明您的数据中正在发生一些有趣且不寻常的事情。

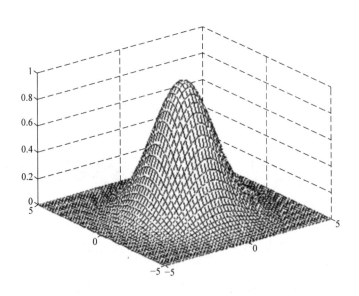

图 8.2 类似火山形状的抽象径向基函数

它们本身就是经典的（非贝叶斯）统计数据，即某些数据的函数可能令人感兴趣，也可能令人不感兴趣。空间 R 统计量向读者表明 f 在位置 (x, y) 处的状态与其在近处或远处位置 $(x + \Delta x, y + \Delta y)$ 处状态的相似程度，总是取介于 +s1（非常相似，相同）和 -1（非常不同，完全相反，但完全可预测）之间的值，0 表示没有（线性）关系（非贝叶斯可能会使用 $\bar{x}$ 代替 μ，然后运行各种置信度检验提供有关 R 含义的更多提示）。

8.2 贝叶斯空间模型

贝叶斯从更生成的角度看待空间分析，推断生成的参数而不是发明和计算描述性统计。空间贝叶斯网络模型有许多可能的拓扑，下面我们将对其中的一些进行举例介绍。

8.2.1 马尔可夫随机场（MRF）

地理观测下的潜在因果过程通常具有类似于火山例子的形式。一些不可观测的空间事件 $f_{x,y}$ 引起可观测数据 $g_{x,y}$。在某些情况下，根本原因可能在空间上是独立的，例如，火山喷发（在某些假设和规模下）是单个独特的空间定位事件，它的发生与附近发生的类似事件的概率无关。但是通常在 (x, y) 处发生这样的事件会在 (x, y) 周围的许多位置以及 $g_{x,y}$ 本身引起效应 $g_{x+x',y+y'}$。如果我们将空间离散成规则的网格，并假设这些影响仅限于相邻的单元格，则可以将该过程表示为如图 8.3 所示的空间贝叶斯网络。

为了模拟更远的空间效果，我们可以添加从 $f_{x,y}$ 到 $g_{x+n,y+m}$ 的其他箭头。在图 8.3 中，我们有 $\{n, m\} \in [-1, 0, +1]$，但它们可以扩展到更大的距离。这些因果关系上的权重将与经典分析的 R 自相关统计发挥相似的作用，但在贝叶斯模型中明确生成和有因果关系的。我们可以称其为空间贝叶斯网络（如果它也遵循因果语义，又可称为空间因果贝叶斯网络）。

实际上，这种类型的网络推理在计算上是复杂的（甚至可以从在绘图程序中绘制其图形的复杂性来猜测，如图 8.3 所示），并且通常使用各种类型的简化模型来辅助计算。通常的减少是用基于相关的模型代替因果网络。如图 8.4 所示，这可以通过 2D 空间上的单层节点来完成，其中无向（无箭头）链接直接表示 g_{xy} 的概率分布，如

$$P(\{g_{xy}\}_{xy}) = \frac{1}{Z} \prod_{xy} \prod_{\{x',y'\} \in \text{links}(x,y)} \phi(g_{xy}, g_{x',y'})$$

式中，links (x, y) 是由图定义的节点 x, y 的邻域集；ϕ 是生成成对相关性的"潜在因子"（或仅仅是潜在性），可能包括但不限于经典的 R 空间自相关函数；Z 是一个归一化项，使得 P 总和等于 1。

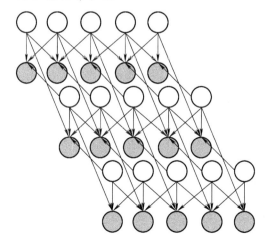

图 8.3　空间贝叶斯网络

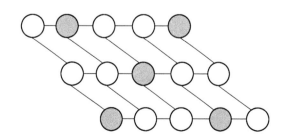

图 8.4　马尔可夫随机场

该模型被称为马尔可夫随机场。在 φ 因子在整个空间上是均匀的且使用规则空间网格的特殊情况下，MRF 特殊情况也被称为"伊辛模型（Ising model）"。这些模型可以在 PyMC3 中使用"潜在节点"生成。与空间因果贝叶斯网络一样，我们可以通过在更远的节点之间添加附加链接和潜在因子来对更长距离的空间相关性进行建模。

对于地理数据，我们经常从 MRF 的某些节点获得观测值，并希望推断其他值，如图 8.4 中的灰色（观察到的）和白色（未观察到的）节点所示。在这种情况下，推断是由 PyMC3 之类的软件自动实现的，并且可以输出单个或成组的未观测节点的值的概率⊖。

将有向贝叶斯网络和无向因子模型的元素组合到一个模型也是可行的，通用名称为"图形模型"，并可以定义以下形式的概率分布

$$P(X_1, X_2 \cdots X_M) = \frac{1}{Z} \left[\prod_i P(X_i \mid (X)_i^{(1)}, \cdots, X_i^{(N_i)}) \right] \left[\prod_i \prod_{i' \in \text{links}(i)} \phi(X_i, X_i) \right]$$

式中，links 再次遍及无向链接；$P(X_i \mid \{X_i^{(1)}, \cdots, X^{(N_i)}\})$ 项表示有向链接，如标准贝叶斯网络中一样。

该方程式适用于索引 i 覆盖任意网络中所有节点的一般情况。对于常规的基于网格的空间模型，我们通常使用二维索引，取 $i = (x, y)$。

MRF 模型的其他变体，包括隐马尔可夫随机场（HMRF），假定观测值在给定空间相关的不可观察过程状态的情况下彼此独立，如图 8.5 所示。同样，条件马尔可夫随机场（CRF）与 HMRF 相似，但是用更简单的相关性代替了观测的因果模型，从而可以加快计算速度，如图 8.6 所示。

所有使用无向链接的模型都是真实的因果生成过程的近似，用于简化计算。与选择分类器一样，您通常可以尝试所有分类器，并使用运行效果最好的分类器，而不必担心哪些确定的近似假设是允许的。如果可行，请使用它。如果它不起作用，那就不要。对于各种大型的 MRF 类模型，有专用软件来开发特定拓扑的属性，比通用 PyMC3 运行得更快。

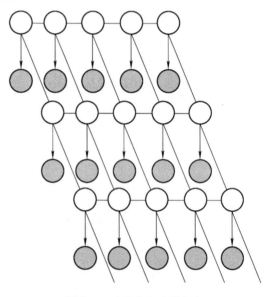

图 8.5　隐马尔可夫随机场

MRF 类模型中使用的节点拓扑不一定是规则的，对于地理数据，将现有的已定义区域视为网络中的节点通常是有意义的。例如，图 8.7 所示的英国地图片段中每个县有一个节点，如果在县级收集了数据，则会很有用。这个特定的网络是含有一些已观察到的和一些缺

⊖ 由于大多数空间模型是二维的，其本质上是计算 NP-hard。这源于它们的图中存在许多循环。一旦出现硬度，就有必要使用贝叶斯计算的近似算法，例如 PyMC3 使用 MCMC 采样。一维等价的情况并非如此，它被称为隐马尔可夫模型（HMM）。更快的实时分析算法可用于 HMM 和类似的模型，这些算法被广泛用于时间序列数据，最著名的是在实时语音识别中。由于本课程强调传输数据，我们通常在整个过程中与 MCMC 合作，而不是研究这些相对罕见的贝叶斯推断的特殊情况。

失数据的 MRF，仅假设相邻县之间具有相关性。

在这样混合已观察到数据和缺失数据的地方，我们可以从都具有数据的相邻县对的集合中估计相关势，然后将它们与网络拓扑一起使用，以计算关于缺失县的后验信念。

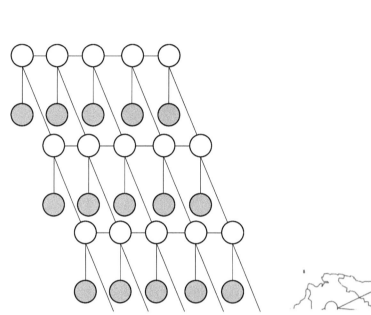

图 8.6　条件马尔可夫随机场

图 8.7　英国各县的 MRF

8.2.2　高斯过程（克里金法）

除了将空间建模为离散的图形外，另一种方法是将其视为连续的。假设我们从位于物理 2D 空间中的四个（灰色）节点进行数值观察，如图 8.8a 所示，如地形高度或空气质量，并且对任意一个未观察到的（白色）节点的可能值感兴趣。移动的未观测（白色）节点可以扫过连续地图，因子强度由到固定观测节点（灰色）的距离给出。

如果我们知道空间相关性是距离 $R(d)$ 的一般函数，并且由于地理学第一定律而通常具有类似火山的形式，那么我们可以即时实例化 MRF，包括四个观测点作为节点以及任意点作为不可观察的节点，该图作为区域 MRF，在链接上具有潜在因子。然后，我们可以在整个区域内移动任意未观察到的节点，如移动到地图图像中的每个像素，并在那里计算后验置信度。如果我们绘制这些后代的平均值，那么我们将获得连续的热力图，如图 8.8b 所示。该图仅显示平均值，而不显示不确定性。这种方法被称为克里金法（Kriging）⊖，或更普遍地（如，在不同的维度上作为较大的贝叶斯模型的一部分）被称为"高斯过程"（GP）。像最近的邻域分类器一样，GP 是"内核"方法，因为它们在计算每个推论时使用原始的观测数据值，而不是适用于它们的任何模型的参数。

⊖　在 20 世纪 60 年代，克里格和马瑟恩一起发展了这项技术。

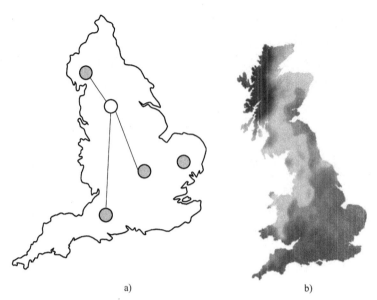

图8.8 通过数值观测在整个地图上推断像素的示例结果

8.3 车辆路线

对于交通数据，我们通常希望找到道路网络中两点之间的最短或最快的路径。这是一个简单的"计算"问题，可以使用标准的 Dijkstra 算法快速解决，并且可以将道路长度或预期的道路行驶时间用作成本。例如，我们可能从一个道路长度数据库开始（如在 OpenStreetMap 数据中一样），然后乘以不同道路类型（如高速公路和乡村车道）的系数，将这些长度转换为近似出行时间。

Dijkstra 的算法适用于人口稀少的交通网络，其中其他道路使用者的影响可以忽略不计，或者已知其他车辆的拥堵程度（例如，通过连接到实时交通数据的车内导航系统对单个驾驶员进行路径规划时）。对于涉及对整个交通分布进行建模的任务，有大量的纯粹基于数学假设和模型的经典建模文献，这些文献很少使用数据。Wardrop 的用户均衡假设每个驾驶员都知道其他驾驶员在网络上的位置，然后根据这些拥塞程度选择最快的路线；社会均衡是理论上所有驾驶员的最佳路线集，如果他们可以由一个仁爱的中央政府分配，以使他们的出行时间总和最小化。这些基本模型假定每个驾驶员都有固定的出发地、目的地和出发时间，而更复杂的模型可以改变这些参数的偏好。进一步的补充可以包括概率路线选择和驾驶员对以上所有方面的不确定性模型。Yaron Hollander 的著作《从零开始学交通模型》提供了对该领域的权威介绍。弄清楚如何将这些基于数学的模型与数据科学方法结合起来，可能会成为未来几年的主要研究领域。

如图 8.9 所示，需要一个重要的预处理步骤——"断开链接"，以准备大多数路

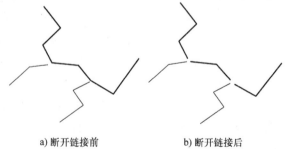

a) 断开链接前　　　　b) 断开链接后

图8.9 路线断开链接

线图类型数据来进行路线计算，包括 OpenStreetMap 数据。诸如高速公路之类的主要道路通常以 OGC 格式存储为一条长长的波动线，次要道路与之相连。每条次要道路都存储为单线。这种表示并没有直接告诉我们次要道路与主要道路之间的实际连接方式。我们必须将主要道路分成较小的路段，使次要道路连接到较小路段的起点和终点。这使得交叉点可以表示为路径规划的连接网络中的节点。可以使用自动工具来断开链接。

8.4 空间特征

我们经常希望使用空间信息作为贝叶斯模型或判别分类器的输入。与普通数据不同的是，空间数据并不是预先打包到特征向量中输入这些模型中的。相反，它由位置上的实体和形状组成。为了使它能够用于建模和分类，我们需要选择一些特征以向量形式来表示它。要做到这一点，没有严格的一般方法。然而，在实践中发现了以下这些有效的常用方法：

- 将空间量化为规则的网格区域或由数据定义的区域（例如，县）。
- 对每个区域进行独立分类。
- 使用区域中实体的存在或不存在作为二进制特征。
- 将区域中 X 类型实体的数量或覆盖的区域用作实值特征。
- 使用"最接近 X 的距离"作为实值特征。

例如，我们可能具有包含房屋、办公室、商店、公园、人行横道和交通信号灯的位置的地图数据。我们可以将城市划分为 $100\text{m} \times 100\text{m}$ 的正方形区域（如美国城市街区），然后计算每个区域中的数字和/或距最近的区域的距离。然后，我们可以使用这些功能来预测每个区域的输出变量，例如，事故率、污染水平或分类（如住宅区/工业区）。在某些情况下，在假设区域彼此独立这一步骤之后，可以将结果用作隐 MRF 模型中的观察值，以恢复空间平滑信息。

8.5 探索性分析

通常我们有大量的数据，除了"发现有趣和有用的东西"之外，没有什么特别的目标。我们应该怎么做呢？

没有通用的算法可以做到这一点。在没有任何理论或模型可以对数据进行测试的情况下，我们首先要寻找关于哪些理论和模型可能值得尝试的想法。因此，数据科学就像真实的科学一样。与率先发明某个理论相比，用一些数据测试爱因斯坦的理论更简单。数据科学或"人工智能"所采用的大多数方法都仅试图自动化测试阶段，而对创建模型的过程没有效果。

如同在实际科学中一样，可以通过归纳和溯因来假设模型。在科学哲学中，它们彼此不同，也与推论不同，例如：

- 演绎：给定 A 和 A⇒B，得出 B，如果前提正确，则保证可行。
- 归因：给定一些 A 之后是 B 的观测值，得出 A⇒B 的结论。不能保证总是有效，但通常在实践中有用（例如，事件可能在 A 之后、B 之前结束）。
- 溯因：给定 A⇒B 和 B，得出"可能 A"。

溯因有时也被称为"引发",它提出了一种产生假设的方法。它假设我们从其他领域的经验中得知一组模型,并且数据中的某些特性"提醒"我们其中的一个,所以我们把它拿出来试试。这是对贝叶斯学派的一些经典统计的一个理由:如果他们知道某些生成模型会在数据中产生这些统计的某些值,并且他们看到了这样的统计数据,那么这可能暗示这种生成模型在这个案例中很有趣。许多著名的"天才"发现都来自溯因,发现者首先花了数十年时间将许多学术和日常领域的模型和理论内化,并通过问题领域中数据的一些表面特征想起其中之一。

按照复杂性顺序,寻找可能会充实模型有趣特征的一些方法包括:

- 绘制各个变量分布的简单图和直方图,寻找不寻常的(即非高斯)分布。
- 绘制变量对的相对图,寻找依赖关系。
- 通过主成分分析计算许多变量的降维投影,在其中寻找聚类和相关性。
- 在地理空间上绘制变量,将其用于聚类和相关性。
- 查看统计相关性和自相关性。
- 使用判别式分类器来查看一个变量是否可以被其他变量预测(如购物篮)。
- 将 EM 算法与生成方法一起使用,以推测和推断生成数据簇的隐藏潜在类(这被称为"无监督学习",如市场细分)。

如果有用的可预测性出现了,那么可能值得进行更详细的研究,从而得出假设的生成模型。在某些情况下,仅通过随机尝试数千个贝叶斯网络结构或在预测更好时对其进行小的改进调整,就可以自动搜索巨大的可能生成模型空间,而无需任何人工理论。

探索性数据分析的一个经典示例如图 8.10 所示,来自约翰·斯诺(John Snow)的在伦敦爆发的霍乱疫情地图(1854 年),该地图中的疫情被认为聚集在井和泵周围,从而得到该

图 8.10 斯诺的霍乱地图

病是通过水系统传播的因果理论。

8.6 问题扩展

空间数据因存在规模问题而臭名昭著。

"海岸线悖论"的问题是英国的周长大小。对此没有任何答案——测量周长的任何尝试都取决于对最小直线段长度的某种选择，并且随着其变小，所测量的周长可以无限增大，如图 8.11 所示。在测量道路长度时也会出现同样的问题，例如，当使用道路长度作为计算最佳路线的成本时[○]。

单位=200km
长度=2400km(近似)

单位=100km
长度=2800km(近似)

单位=50km
长度=3400km(近似)

图 8.11 海岸线悖论

辛普森悖论。我们经常想将数据分组到空间区域，例如县或镇。但是，如何定义区域会影响呈现的效果。例如，假设我们对英国六个城市的男性和女性驾驶员进行调查，询问去年有多少人在开车时使用了手机。我们将结果列表，可以得到：

性别	调查人数	使用手机人数占比
男性	8442	44%
女性	4321	35%

把整个英国的男孩涂上蓝色，然后给《每日邮报》打电话——"英国男人在开车时使用手机的情况更糟糕！"。但是，如果将结果按地区细分，然后在地图上标绘，则可能会看到相同的数据表明完全不同的发现：

城市	男性		女性	
	调查人数	使用手机人数占比	调查人数	使用手机人数占比
利兹	825	62%	108	82%
伦敦	560	63%	25	68%
曼彻斯特	325	37%	593	34%
伯明翰	417	33%	375	35%
纽卡斯尔	191	28%	393	24%
利物浦	373	6%	341	7%

○ 这可能对某些旅费报销产生影响。

这将使得大部分地区因为女性染成粉色。如果报纸或政党想要"讲述"性别是最坏罪犯的故事，他们可以在这两种演示方式之间进行选择，以提供所需的任何支持。

极端估计量。在1999年，人们知道癌症发生率最高的地区主要发生在美国农村地区，因此提出了许多理论来解释这一点。这些州是否较贫穷且缺乏医疗设施？还是他们有更多皮肤暴露在阳光下的户外"乡下"工人？当人们还发现最低癌症发病率也发生在农村地区时，谜团就加深了！新的理论又出现了，比如农村地区的工人种类更多，或者富裕的退休人员和较贫穷的劳动者混合在一起。后来发现，所有这些理论都是在浪费时间。产生明显结果的真正原因是缩放问题。假设每个州的任何一个人罹患癌症都有真实的、不可观察的概率，那么我们每年观测到的病例数就是该生成参数的常识性估计。大型农村州的人口数量少于城市州，因此我们对癌症和非癌症的观测较少。因此，来自大型农村州的估算的不确定性要大于城市的不确定性。如果我们有许多不同类型的州，那么统计噪声更有可能在这些状态下产生两种类型的极值，更不用说潜在的生成参数了（参见 Gelman，1999）。

8.7 练习

8.7.1 GPy 中的高斯过程

这是使用 GPy 库在 Python 中处理高斯进程的方法。首先，更容易看到一维而不是二维示例中发生的情况。在这里，我们从已知的正弦函数生成5个数据点，将相关函数（称为"核"）定义为径向基函数（即类似于火山形状），将其他邻近值的后验信念的平均值和标准差绘制为色带的中心和厚度：

```
1.  import GPy, numpy as np
2.  N = 5
3.  X = np.random.uniform(-3.,3.,(N,1))
4.  Y = np.sin(X) + np.random.randn(N,1)*0.05
5.  kernel = GPy.kern.RBF(input_dim=1, variance=1., lengthscale=1.)
6.  m= GPy.models.GPRegression(X,Y,kernel)
7.  m.optimize()
8.  m.plot()
```

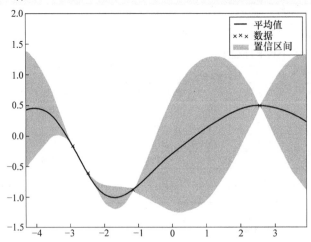

该图显示，当我们靠近其中一个观察点时，相比我们在远处时，对自己的信念更为确定。在我们可以积极收集新数据的情况下，这种不确定度测量有助于优化"下一步的目标"。例如，在哪里安装新的交通或空气质量传感器以获取最多的信息（在上图中，下一个查找的最佳位置是 $x=1$ 附近）[⊖]。

我们可以用 GPy 建立一个类似的二维地理模型，如下所示：

```
1.  import GPy, numpy as np
2.  X = np.random.uniform(-3.,3.,(50,2))
3.  Y = np.sin(X[:,0:1]) * np.sin(X[:,1:2])+np.random.randn(50,1)*0.05
4.  ker = GPy.kern.Matern52(2,ARD=True) + GPy.kern.White(2)
5.  m = GPy.models.GPRegression(X,Y,ker)
6.  m.optimize(messages=True,max_f_eval = 1000)
7.  m.plot()
```

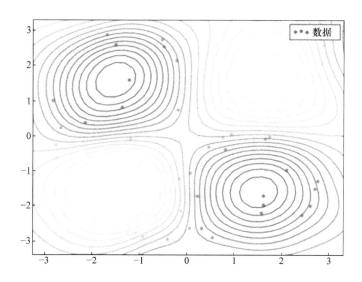

在这种情况下，绘图只显示后验点的平均值，如彩色轮廓。如果我们想检查不确定度，GPy 允许我们在这个图上切下 1D 的"切片"，完整地显示它们的平均值和标准差，如下所示：

```
1.  slices = [-1, 0, 1.5]
2.  figure = GPy.plotting.plotting_library().figure(3, 1)
3.  for i, y in zip(range(3), slices):
4.      m.plot(figure=figure,fixed_inputs=[(1,y)],row=(i+1),plot_data=False)
```

⊖ 如果您正在考虑同时定位多个新传感器的选项，这可能会变得复杂。通常一个合理的启发式是"贪婪"的方法，即以最佳的熵约简顺序选择它们。

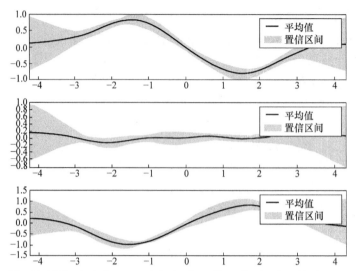

基本 Kriging 模型假设每个点都可以取任何实际值，但有时可能会有空间数据受到某种方式的约束，例如全部为正，或者由 0～1 之间的概率组成。在这种情况下，以及其他许多情况下，可以使用比 Kriging 更通用的高斯过程模型，请参阅 GPy 网站教程中的更多示例（sheffieldml.github.io/GPy）。

8.7.2 高斯过程车辆密度

试着将高斯过程模型拟合并绘制到德比郡的蓝牙传感器数据中，假设该县是一个同质平面，而不是一个离散的道路网络。在这种模式下，哪里是安装额外的传感器以收集交通信息的最有用的地方？这种模式在什么环境和条件下对交通规划有用？它适合德比郡的网络么？

8.7.3 使用 PostGIS 的车辆路线选择

在这里，我们将制作一个类似卫星导航的系统来引导车辆通过德比郡。我们须首先断开链接，可以使用 osm2pgrouting 工具从 OpenStreetMap 数据自动为 Postgres / PostGIS 执行（不是前面章节中使用的简单 OSM 导入，这是一个复杂的过程），例如：

```
1.   $ osm2pgrouting -f ~/data/dcc.osm -d mydatabasename -U root -W root
```

Docker data 文件夹中还包含一个 .osm 文件。使用 psql 检查这个工具在数据库中自动创建的许多新表。

Dijkstra 的算法内置在 Postgres 扩展 pgrouting 中，必须能够在 psql 中使用：

```
1.   CREATE EXTENSION pgrouting;
```

这提供了额外的 SQL 命令，如 pgr_dijkstra，可以按如下方式调用它来查找道路图中两个节点之间的最短路径：

```
1.   sql = "SELECT * FROM pgr_dijkstra('SELECT gid AS id,source,target,\
2.   length AS cost FROM ways', %d,%d, directed := false), ways \
3.   WHERE ways.gid=pgr_dijkstra.edge;"%(o_link_gid, d_link_gid)
4.   df_route = gpd.GeoDataFrame.from_postgis(sql,con,geom_col='the_geom')
```

请参见示例代码 routing.py，其包括了绘制如图 8.12 所示的路线图，或尝试自己编写这样的绘图程序。您能用预期的道路长度代替实际长度来改进路线吗（提示：OSM 数据包括道路类型，如"高速公路"和"主干道"，可用于这些估算。对于真实的系统，您通常也会在这里使用实时拥塞信息）？

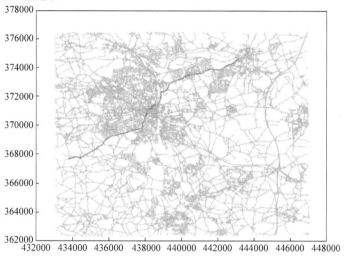

图 8.12　德比郡两点之间 Dijkstra 物理距离路线的输出

8.7.4　查找路边传感器站点

与路线相关的一个问题是计算距离点最近的道路链路，如蓝牙传感器站点，可以通过 ST_Distance 来完成：

```
1.    sql = "SELECT gid,name,ST_Distance(ways.the_geom,ST_SetSRID( \
2.    ST_MakePoint(%f, %f),4326)) FROM ways ORDER BY 3 ASC LIMIT 1;"%(o_lon,o_lat)
```

当我们想知道每个蓝牙传感器实际监测的是哪条道路时，这一点尤其有用，这样我们就可以将蓝牙检测与网络中的道路连接起来。

8.8　延伸阅读

- Koller D, Friedman N（2009）Probabilistic Graphical Models：Principles and Techniques. MIT Press（MRFs and related models）.
- Rasmussen E, Williams C（2006）Gaussian Processes for Machine Learning. MIT Press（Gaussian Processes）.
- http：//www. spatial. cs. umn. edu/Book/sdb – chap7. pdf（A draft book chapter on spatial data mining）.
- Hollander Y（2016）Transport Modelling for a Complete Beginner.（Definitive introduction toclassical transport modelling）.
- Boden M（2004）The Creative Mind：Myths and Mechanisms. Psychology Press（Discussion ofscientific theory creation）.
- Gelman A, Price PN（1999）All maps of parameter estimates are misleading. Stat Med 18（23）：1097 – 2258.

第 9 章

数据可视化

我们花了很长的时间来建立数据库、解析 CSV 文件、修正引用标记和日期格式，以及学习贝叶斯模型。现在是收获的时候了：以全彩色将结果可视化！本章将简要概述相关的人群视觉感知，展示经典交通相关数据可视化的"图库"，然后展示如何制作一些自己的可视化。

9.1 视觉感知

9.1.1 颜色

人眼不会像耳朵对声音一样直接对光的频率做出反应。相反，它包含四种类型的接收器，每种类型对特定的中心频率有很强的响应，而对较宽范围的附近频率则没有那么强的响应。图 9.1 所示为四种类型的响应曲线。

红色、绿色和蓝色的视锥感受器集中在视网膜的中央，而视杆感受器则覆盖单色的周围视觉。视杆是您有时可以在"眼角"看到恒星的原因，当您直接看它们时会消失。这在基础频谱和响应之间创建了复杂的压缩关系。例如，可以通过发出 550nm 单个波长的灯产生相同的感知黄光，也可以像在 RGB 计算机显示器中那样，通过两个分别在 560nm（红色）和 530nm（绿色）的光源产生感知的黄光。从物理上讲，这些是完全不同的东西。

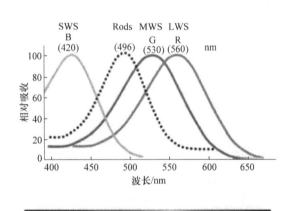

图 9.1 人眼对颜色的反应（见彩插）

注：该图来自 www.sciencedirect.com/topics/page/Cone_cell。

由于我们有三种颜色感受器类型，我们可以认为感知颜色空间是由三个维度组成的。这些维度可用于显示信息。它们有时被表示为 RGB（红色、绿色、蓝色）立方体（图 9.2a），但也以其他方式表示，如 HSV（色调、饱和度、值）圆锥体（图 9.2b）。当我们希望使用颜色可视化三个参数时，RGB 是有用的。HSV 对于在一个参数环绕情况下的可视化非常有用，因为它是用圆柱（θ, r, h）坐标来描述的。例如，色调可以映射到一天中的时间，如图 9.2c 所示。

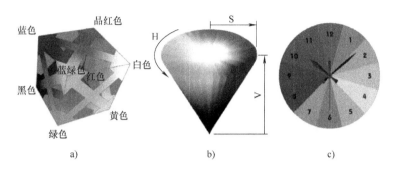

图 9.2　色彩空间模型（见彩插）

从艺术的角度来看，存在着关于哪些调色板搭配起来看起来漂亮的理论，这些理论可以在绘画和时尚教科书中找到，例如由时尚咨询公司提供的基于季节的模型（图 9.3）。像 Apple 这样的公司非常重视调色板设计，在应用程序设计者身上强制推行某些系统，以创建一致的品牌。除了要注意一个基本原理之外，我们在这里将不涉及这些理论：由于色彩空间是三维的，因此可以从 3D 色彩空间中切割出许多开放或闭合、直线或波动的 1D 线和 2D 平面，这些色彩在整个参数上都具有色彩连续性，但可以选择包含空间中的美观区域。然后，这些线和表面定义了坐标系，可使用它们的颜色来显示 1D 或 2D 信息。

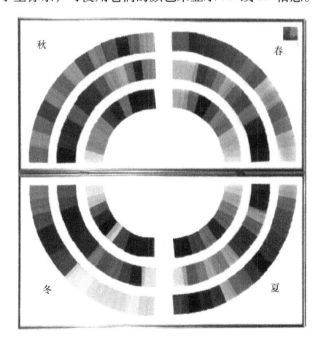

图 9.3　艺术调色板（见彩插）

注：该图片来自色彩之家。

请注意，不同国家/地区的传统可以为同一颜色分配完全不同的颜色象征，或者有时在同一国家/地区使用多种矛盾的含义。例如，在英国，红色表示危险或爱；在日本，红色与勇气有关；在非洲的某些地区，它意味着生命，而在另一些地区，则意味着死亡。请不要以死亡颜色呈现您的新道路安全改进结果！

9.1.2 视觉注意

眼睛无法一次看到全部细节，而视网膜一次只能看到一个小的"中央凹"区域的细节，如图9.4所示。人们通常会移动这个中央凹，将其短暂地固定在另一个点上，称为"扫视"运动。对场景的感知通常不是感知视网膜中央凹的"像素"，而是感知整个场景中对象的多层次、基于模型的解释。如图9.5和图9.6所示，这是通过大脑皮质视觉区域的层次结构来完成的，该区域从LGN核开始，经过视觉区域V1至V4，逐渐提取出更复杂的视觉特征，如边缘、角落、物体、面孔、汽车，甚至（显然）是女演员哈莉·贝瑞。

图9.4 视网膜中央凹注意力

您的意识感知通常是这些实体的最高层次，表现在最高的神经区域——例如，将哈莉·贝瑞感知为一个"事物"，而不是像素、边缘或眼睛和嘴巴的复杂集合。但是，如果您将注意力集中在大脑低层区域所表示的这些细节上，则可

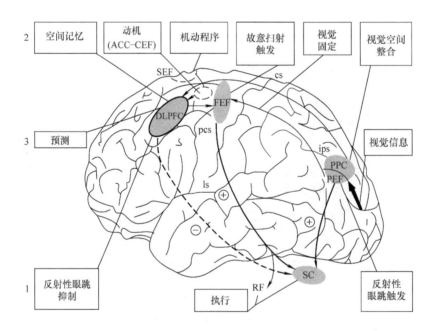

图9.5 人体视觉系统剖析图

以将它们带入您的意识感知。您可以在图像上移动这种精神上的"关注焦点",就像在图像上移动自己的中央凹一样。因此,包括数据可视化在内的图像感知是一个主动而不是被动的过程。观众通常不会在一瞬间就理解您的图像,但随着时间的流逝,他们将移动他们的中央凹和精神注意力来探索它。就像设计城市或网站一样,您可能需要对此进行规划,并考虑如何随着时间的推移为这些探索创建途径。不要一次性的将所有数据扔给观众——即使是在静态图像中,您也可以创建路标和提示以进行引导。

除此皮质处理系统外,还有一个独立的第二视觉路径,如图9.5和图9.6所示,该路径将通过上丘(SC)直接将低级视觉连接到情感杏仁体和注意力系统。这种在进化上更久远、计算速度更快的途径根本无法感知高级特征,而只是响应像素的简单"紧急"类特征,如颜色区域的变化和闪光。该系统几乎可以立即对诸如汽车制动灯亮起等特征做出响应,而无须进行首先将整个汽车感知为"事物"的缓慢计算过程。

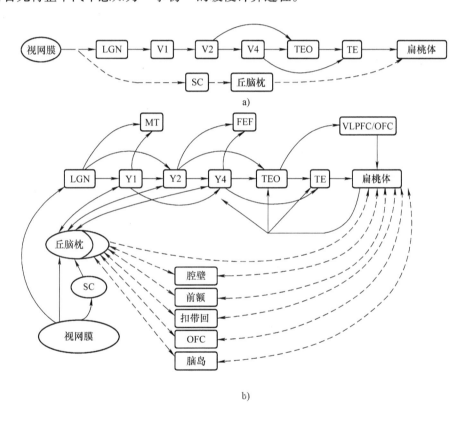

图9.6 人体视觉系统计算体系结构

视觉注意,无论是精神上的还是中心凹的,都可以通过有意识的探索对象的决定自上而下地控制,但在这种紧急情况下,也可以被潜意识的SC环路所覆盖。您可以在$O(1)$时间内找到图9.7中的深色字母,使用您的快速并行SC系统对颜色变化做出反应,但您需要花$O(n)$时间使用较慢的皮层系统搜索字母"b"。这种区别在可视化中很重要,因为它提供了控制观众注意力的方法,而不是让他们以自己的方式浏览图像。对SC电路的了解对于道路标志和信号灯等实时信息演示的设计也是有用的,这些信息演示必须迅速引起人们的注意[一]。

人们普遍认为[二]，我们的感知在任何时间点最多可能包含"神奇的数字7±2"个不同的对象。当存在更多对象时，我们必须通过在它们周围移动我们的注意力来按顺序感知它们的不同子组，或者使用诸如将多个对象聚集在一起成为一个新对象之类的记忆技巧。如果让人们自己进行这项脑力劳动，可能会感到困惑和不悦，但是将它们聚集到这种大小的实体中时，人们可以存储非常大的记忆层次。如图9.8所示的"思维导图"概念是专门为在可视化中利用这种记忆效果而设计的。

图9.7 线性和并行视觉搜索

人类尤其擅长感知平滑、连续的二维空间。因此，就像大多数可视化一样，思维导图在这样的空间上扩展，并利用空间和层次关系，例如在图中，"策略"和"图片"虽然是从层次结构的不同部分发展而来的，却被紧密地绘制和链接在一起。

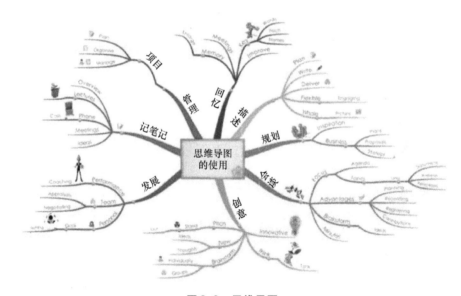

图9.8 思维导图

[一] 这两个系统产生了关于一个位置上的危险物体的假设，其方式类似于第8章在"科学"中如何创建假设。自上而下的系统要求你有一些事先的想法，有什么东西引导你直接关注在一个点来调查它。SC系统利用原始数据的表面、自下而上的特征直接做出假设。

[二] 尽管还没被神经科学理解。目前的一种理论是，这七个实体在工作记忆中是由海马体振荡的离散阶段表示的［见 Miller et al, 2008, *Single neuron binding properties and the magical number 7*, Hippocampus. 18（11）: 1122-1130.］。

9.2 地理可视化（地图）

交通数据科学家很幸运，人类的感知和可视化在连续、平滑的二维物理空间（如思维导图所用的）中非常有效，因为他们希望可视化的数据扩展到这些空间中。在这样的空间中，可视化的数据被称为"地图"！

如前一章所讨论的，在空间上连续值的估计不是一件小事，而且容易产生缩放效应，如区域大小的选择。出于政治目的，可以利用这种影响来使观众对数据的看法产生偏见。例如，一些支持苏格兰脱离英国独立的作者在 2016 年投票支持脱离欧盟独立后，使用了如图 9.9a 所示的硬分类图将英国描述为一个"分裂的国家"；而其他支持英国内部统一的作者则表现出逐步变化的图像，如图 9.9b 所示。

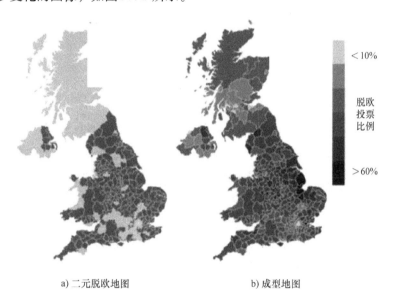

a) 二元脱欧地图   b) 成型地图

图 9.9 英国脱欧可视化（见彩插）

注：该图片来自弗雷泽·纳尔逊，blogs. spectator. co. uk/2016/06/sturgeonsopportunity – isnt – brexitmeltdown – pro – remainunionists/。

从图 9.10 所示的行程时间图中可以看到另一个区域伪影，从稀疏区域中单个数据点周围的斑点形状来看，它似乎采取了一种"最近邻"的方法来处理等值线。如果所有的伦敦通勤者都使用这种特殊的视觉化来选择居住的地方，那么我们会看到狗岛和格林尼治之间的房产价值大幅下降，那里的数据突然"没有了"！我们还希望看到地图设计所添加的离散彩色区域之间的价格出现较小的离散下跌。

有时，我们希望可视化的区域显示人口的大小或其他一些值，而不是物理地理区域，但保留如图 9.11 所示的拓扑结构。

同样，这样的选择可能有政治因素：当地区由人口而不是地理位置来呈现时，这些选举结果为苏格兰从英国独立提供的宣传价值可能会显得不那么重要；而伦敦脱离英国独立的可能性似乎更大。

出行时间/分钟

图 9.10　上午 9 点前到达伦敦交通部的公共交通出行时间（见彩插）

注：该图片来自伦敦交通部门。

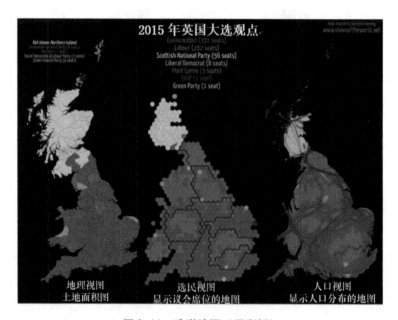

图 9.11　选举地图（见彩插）

伦敦地铁地图（图 9.12 和图 9.13）是一个著名的例子，扭曲空间以简化交通拓扑的呈现。它受到数百万人的喜爱，但有时确实会导致行人在类似威斯敏斯特（那里白厅与现实中相比旋转了整整 90°）的地区迷失方向或从尤斯顿广场到沃伦街（实际上相距只有 180m）花费不必要的行程。

- 这些问题是否严重到足以导致收入损失和因不便的行程而产生额外的碳排放？我们

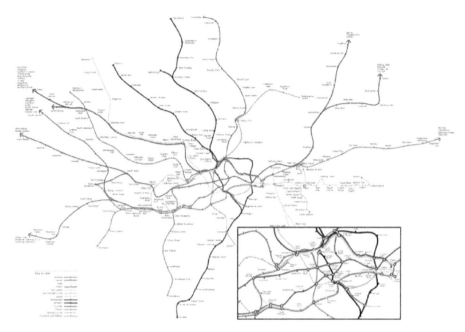

图9.12 伦敦地铁实物图（见彩插）

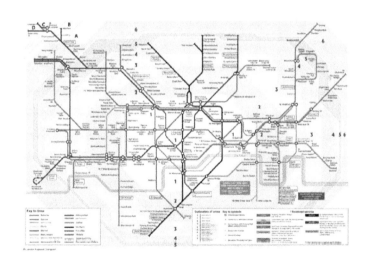

图9.13 程式化的伦敦地铁地图（见彩插）

如何得知[一]？

在极端情况下，地图被设计成故意误导观者，如图9.14所示，它使用三维透视图将酒店明显地重新定位在"中心"。在《如何用地图撒谎》一书中，可以找到更多针对地图的犯罪案例。不要这样做！

[一] 你可能已经熟悉了这张地图，但是每个交通数据科学家都应该花几分钟的时间来批判性地欣赏它！

9.2.1 交通流图

米纳德（Minard）绘制的 1869 年拿破仑 1812 年战役的地图是一幅经典的信息图，复制于图 9.15 中。它通常被认为是有史以来最好地展示了以下内容：

- 行军的地理路线（x 轴和 y 轴代表经度和纬度）。
- 行进方向（较浅的光带代表前进；较窄的黑带代表撤退）。
- 部队人数（彩带的厚度）。
- 行进距离（彩带旁边的数字）。
- 温度（下部的子图）。

图 9.14 误导性地图

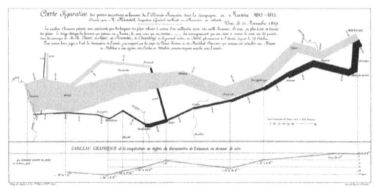

图 9.15 米纳德流地图

米纳德的流量厚度概念通常对交通可视化非常有用。例如，图 9.16 所示为根据德比郡数据生成的。给定一组起讫点的路径，以及来自蓝牙传感器的路径计数，我们通过将每个出行分配到其最短路径来近似通过路网的流量。然后，我们计算每个路段的总估计流量，并将其显示为厚度。

图 9.16 从蓝牙传感器和 Dijkstra 路径推断德比郡周围路网的流量

注：本图基于利兹大学 ITS 学生劳伦斯·邓肯的代码生成，圆点表示传感器位置。

9.2.2 滑图

"滑图"是交互式滚动和缩放地图的通用名称,这些地图现在在互联网地图网站上很常见,如openstreetmap.org网站。它们是用各种类似的程序以标准方式制作的:

- 预先为地图的每个比例尺和区域创建多个尺度(例如,100像素=100m,1km,10km,100km)的正方形图块的标准尺寸图像,并将其存储在使用标准文件名(如mymap_scale3_north004667_east008424.png)的Web服务器(如Apache)中,其中文件名包括地图中的比例尺和整数坐标。可以通过上面流程图中的基本Python绘图命令来生成图块,也可以使用Mapnik之类的渲染程序来提供地图质量,如图9.17所示为OpenStreetMap所使用的滑图。

图9.17 基于网络的Mapnik图块的Leaflet滑图

注:该图片来自openstreetmap.org。

- 用户的网络浏览器显示地图网页,其中包含标准的嵌入式JavaScript滑图程序,如Leaflet(在OpenStreetMap中使用)或OpenLayers。滑图程序提供有图块服务器计算机的地址,该服务器通常是与地图页面本身的Web服务器不同的计算机。滑图库还可以通过GeoServer和GeoJSON文件等界面显示Shapefile或PostGIS中的其他可选覆盖层。他们的工作方式是从附近区域下载并准备图块,理想情况下是尝试预测用户接下来要浏览的地方,以便在他们移动时,本地计算机上已有数据可用。

9.2.3 信息图

作为"数据新闻"运动的一部分,如图9.18所示的信息图面板已在报纸和杂志上变得很普遍。"仪表板"(图9.19)与信息图紧密相关,但实时系统通常显示在网页上(有时显示在打印的每日报告中),以供管理人员使用。注重数据的管理者希望将其复杂组织的所有重要信息在一张或几张图片中展现,以概括当前的情况。仪表板通常包括"深挖"来更详细地探索数据功能。一些交通决策者现在正在建立仪表板的整个控制中心室,来为控制器提供"全面的数据融合"。些仪表板还将数值得分分配给管理目标(例如,出行延误、吞吐量、污染)和单个数值总和得分,称为"平衡记分卡"。当它们导致员工"博弈"指标以获取高分而牺牲实际价值时,有时会引起争议。与设计检查标记方案类似,此处的技巧是选择更准确地表示实际需求的指标。

切尔诺夫脸谱图是一种有影响力的信息图形,它使用具有许多可区分参数的简单人脸形状,使多维数据可以在整个空间中显示,如图9.20所示。它们激发了许多类似的可视化效果,例如,您可能使用前后轮尺寸不同、乘客数量和颜色不同的车辆图像来可视化运输数据的多个维度。与往常一样,请注意不要下意识地偏向您的展示,例如,使用较大的笑脸来显示一个政党的选民人数不太可能受到其反对者的支持。

当前的研究领域着眼于如何通过平视显示器(HUD)向驾驶员实时显示数据,如

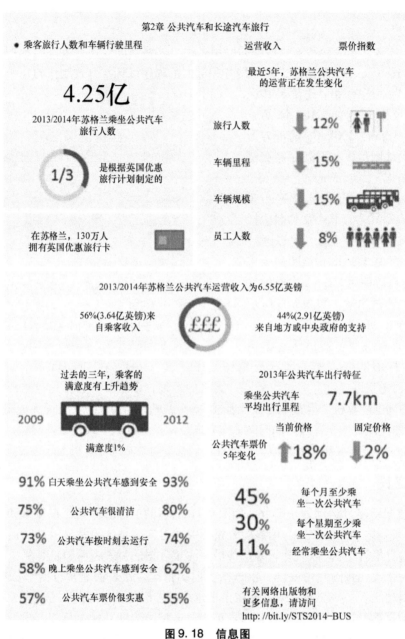

图9.18 信息图

注：该图片来自苏格兰交通部，www.transport.gov.scot/statistics/scottishtransport-statistics-2014-infographics-6498。

图9.21所示。ITS利兹公司使用驾驶员仿真和心理学研究来评估新界面。数据可用于提高安全性和效率。例如，连接到道路网络ANPR系统的汽车可以查找周围车辆的车牌，根据网络其余部分记录的驾驶历史数据，为他们分配反常的不悦驾驶员指标（Antisocial Unpleasant Driver Indicator）分数，甚至在视觉接触之前显示问题车辆的预先警告。但是，平视显示器会给驾驶员带来额外的视觉工作，如果设计不当，可能会导致视觉干扰或妨碍视觉观测其他危险。弹出效果在吸引注意力方面尤其重要。人眼也需要时间重新聚焦在不同深度的对象上，

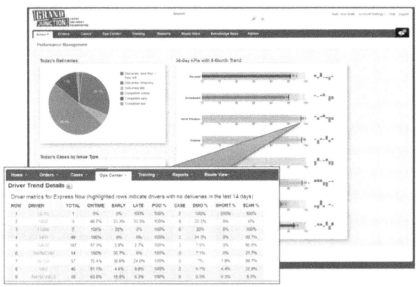

图 9.19 带向下深挖的货物交付仪表板

注：该图片来自 grandjuncioninc.com 网站。

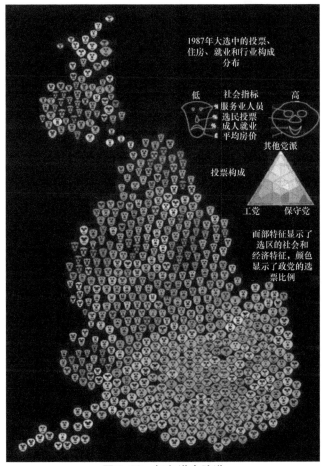

图 9.20 切尔诺夫脸谱

注：Danny Dorling 1991 年的选举地图。

除非 HUD 可以在场景中以虚拟 3D 形式呈现。研究可能会发现，HUD 分散注意力的效果需要实时驾驶数据以可视化之外的其他方式显示，例如，使用语音合成或其他声音，或触觉反馈（如座椅或方向盘振动警告）。

当前的研究关注自动驾驶汽车应如何将数据中的信息传递给道路使用者。如何使当前的显示（如指示灯和制动灯、前灯闪烁和目光接触）适合自动驾驶汽车？这在冲突局势下尤其重要，例如，越过环形交叉口和匝道入口时，驾驶员将通过复杂的目光接触和手势进行交流。当前的想法包括使用如图 9.22 所示（drivemocion.com 产品）的表情符号产品来向其他道路使用者展示，并根据他们道路行为的历史记录预测他们的反应。

图 9.21　车内平视显示器
注：该图片来自 www.bmwblog.com。

图 9.22　将新颖的信号用于手动和自动驾驶车辆

9.3　练习

9.3.1　带有 Leaflet 的网络地图

Leaflet 是一种滑图工具，可让您轻松地在现有地图（如 OpenStreetMap）上绘制图层。它对于将运输数据作为网页快速发布非常有用，因为它允许您将 OpenSteetMap 现有的专业图形用于基本地图，并添加诸如标记、箭头和文本之类的对象，并且可以在网络浏览器中运行。例如，地方政府可以使用它，只需几分钟的编码就可以快速向公众提供公共交通或拥堵地图。在此示例中，我们将在德比郡地图上添加单个矩形注释，显示切斯特菲尔德市中心的位置，并将其显示在网页中。

下面是一些代码，使用原始 OGR 接口，创建一个包含定义切斯特菲尔德市中心的多边形的 Shapefile 文件，如第 5 章附录所示：

```
1.   from osgeo import ogr
2.   driver = ogr.GetDriverByName('ESRI Shapefile')
3.   datasource = driver.CreateDataSource('towncenter.shp')
4.   layer = datasource.CreateLayer('layerName',geom_type=ogr.wkbPolygon)
5.   lonmin = -1.4366
6.   latmin = 53.2242
7.   lonmax = -1.4102
```

```
8.    latmax = 53.2396
9.    myRing = ogr.Geometry(type=ogr.wkbLinearRing)
10.   myRing.AddPoint(lonmin, latmin)#LowerLeft
11.   myRing.AddPoint(lonmin, latmax)#UpperLeft
12.   myRing.AddPoint(lonmax, latmax)#UpperRight
13.   myRing.AddPoint(lonmax, latmin)#Lower Right
14.   myRing.AddPoint(lonmin,latmin)#close ring
15.   myPoly = ogr.Geometry(type=ogr.wkbPolygon)
16.   myPoly.AddGeometry(myRing)
17.   feature = ogr.Feature( layer.GetLayerDefn() )
18.   feature.SetGeometry(myPoly)
19.   layer.CreateFeature(feature)
20.   feature.Destroy()
21.   datasource.Destroy()
```

把您的 Shapefile 文件转换成 JSON 格式，由 Leaflet 使用：

```
1. $ ogr2ogr -f GeoJSON -s_srs wgs84 -t_srs wgs84 \
2. towncenter.json towncenter.shp
```

接下来，手动将"var towncenter ="添加到 JSON 文件的开头，并在末尾添加";"。这为 Leaflet 提供了使用的名称。

最后，创建一个网页来加载 Leaflet 库，连接到现有的图块服务器，并加载和设置 JSON 文件的样式：

```
1.  <html>
2.  <head>
3.  <link rel="stylesheet" \
4.  href="https://unpkg.com/leaflet@1.0.3/dist/leaflet.css" />
5.  <script src="https://unpkg.com/leaflet@1.0.3/dist/leaflet.js">
6.  </script>
7.  <style> #map { width: 600px; height: 400px; } </style>
8.  </head>
9.  <body>
10. <div id='map'></div>
11. <script src="towncenter.json" type="text/javascript"></script>
12. <script>
13. var map = L.map('map').setView([53.2242, -1.4366], 13);
14. L.tileLayer('<MYURL>',
15. { maxZoom: 18, id: 'mapbox.light-v10'
16. }).addTo(map);
17. L.geoJSON([towncenter], {
```

```
18. style: function (feature) {
19.    return feature.properties && feature.properties.style;
20. },
21. pointToLayer: function (feature, latlng) {
22.    return L.circleMarker(latlng, {
23.        radius: 8, fillColor: "#ff7800", color: "#000",
24.        weight: 1, opacity: 1, fillOpacity: 0.8
25.    });
26. }
27. }).addTo(map);
28. </script>
29. </body>
30.  </html>
```

您需要访问令牌才能使用其他人的地图图块服务器，例如，您可以在编写时从 www.mapbox.com 获取免费令牌并将其插入 < MYURL >。如果在公共系统中大量使用其服务器，则可能需要付费，其格式如下：

https://tiles.mapbox.com/v4/{id}/{z}/{x}/{y}.png?access_token=<MYTOKEN>

要查看图 9.23 所示的结果，请在网页浏览器中打开 .html 文件。

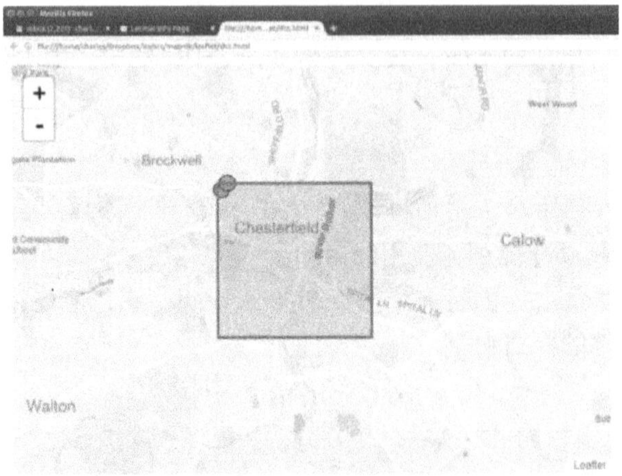

图 9.23 Leaflet 地图

9.3.2 蓝牙起止点路线流

这是一个小项目，它链接了本书的许多方面以及可视化。

使用德比郡的数据生成类似于图 9.16 所示的流量图的图形。您的程序应在每个可能的起点和终点传感器处匹配检测到的蓝牙 ID，并按照第 8 章中的方法使用 Dijkstra 路线将每条匹配的车辆的行程分配给一条路线，然后对每个链接上的流量求和并将其表示为厚度。

提示：

软件示例中提供了一个可运行的版本，该版本使用了 240 行 Python 代码，其中包括数据库设置、修改、匹配、路径和展示。

该任务建立在前几章所有练习的代码解决方案的基础上，并重复使用。

大多数困难的工作是由数据库而不是 Python 完成的。提供的代码中，一些关键部分包括回顾每条路线的出发地和目的地：

```sql
1.  SELECT routeID,
2.  ST_X(orig.geom) AS ox, ST_Y(orig.geom) AS oy,
3.  ST_X(dest.geom) AS dx, ST_Y(dest.geom) AS dy
4.  FROM Route,
5.  BluetoothSite AS orig,
6.  BluetoothSite AS dest
7.  WHERE originSiteID=orig.siteID
8.  AND destSiteID=dest.siteID;
```

匹配始发地和目的地的蓝牙检测，以计算路线上的行程数：

```sql
1.  SELECT d.siteID AS dSiteID,
2.  d.mac as dmac,
3.  d.timestamp as dtimestamp ,
4.  o.siteID AS oSiteID,
5.  o.mac as omac, o.timestamp as otimestamp
6.  FROM Detection AS d, Detection AS o
7.  WHERE d.timestamp>o.timestamp
8.  AND o.mac=d.mac AND o.siteID='%s' AND d.siteID='%s';
```

计算每个（断链）路段的行程数：

```sql
1.  SELECT ways.gid, SUM(linkcount.count), ways.the_geom
2.  FROM ways, linkcount
3.  WHERE linkcount.gid::int=ways.gid
4.  AND linkcount.timestamp>'%s'
5.  AND linkcount.timestamp<'%s'
6.  GROUP BY ways.gid;
```

根据流量绘制道路厚度：

```
1.  plot(xs, ys, color, linewidth=df_link['sum']/20000)
```

9.3.3　大型项目建议

为了使示例代码更真实，如图 9.16 所示，需要额外的假设。对于 MSc 规模的项目，可以探索以下任何或所有的方法，就像在 ITSLeeds 课程中所做的那样。

学习德比郡蓝牙流程图的概念和代码并加以改进，这可能包括以下内容：

- 考虑道路类型和/或拥堵数据，而不是路线中出行时间的距离。
- 检测和控制车辆的多个虚假计数，例如，当一辆车出现在三个或多个传感器上，或反复来回行驶经过一个传感器时[⊖]。
- 将蓝牙数据与德比郡数据集中包含的其他传感器类型相融合，如气动道路传感器，这些传感器只计算定位处的总流量，而不识别独特的车辆。

⊖ 正如劳伦斯·邓肯所建议的，改进流量估计。

- 用随机路径或拥塞（如 Wardrop 均衡）方法代替最短或最快路径进行路线分配。
- 使用所有可用的传感器信息、额外的互联网数据和合理假设以及贝叶斯或机器学习模型，以最佳方式推断整个德比郡网络随时间推移的状态，并提出改进流量管理的方法。
- 使用 Leaflet 在网页上显示德比郡的蓝牙流。

对于大多数传输应用程序，您可以将 Leaflet 与来自这样的图块服务器的现有背景图一起使用，并覆盖您想要呈现的可视化效果。有时，您可能需要自己渲染制图质量地图块。这可以使用 Mapnik 来完成——Mapnik 是 OpenStreetMap 用来生成自己的图块的程序，也是大多数其他商业图块服务器使用的程序。详情请访问 mapnik.org。

9.4 延伸阅读

- Tufte E (1983) The visual display of quantitative information (Classic).
- McCandless D (2012) Information is beautiful. Collins (So beautiful it is currently a mainstream best-seller).
- www.informationisbeautiful.net (Blog curated by the same author as the book).
- Monmonier M (1996) How to lie with maps, 2nd edn. University of Chicago Press.

第 10 章 大 数 据

"大"或者"小"数据没有标准的定义,但是我们这样定义:

小型数据集是指可以通过诸如电子表格和脚本语言等消费者应用程序在计算机内存中保存和分析的数据集。

中型数据是指中小型企业(SME)持有的所有数据,通常位于单个实体办公室中的一个关系数据库中。在 2018 年,这可能包括 TB 级的数据。到目前为止,本书中使用的基于 SQL 的系统都属于这个级别。

企业数据是指当企业中的数据超出单个数据库服务器时,使用特定的缩放技巧,在多台机器上拆分或复制关系数据,涵盖了多个办公室或者国家的系统。在 2018 年,这可能包括每秒数千兆字节和数百万个请求。

大数据是指需要并行计算来处理的数据。计算机科学在大数据上的应用因为并行计算需求有了明显的变化,同时也导致了 Codd 关系模型中部分保障和功能的缺失。在 2018 年,这可能包括包含数万台具有 PB 级数据的机器,或者(对于世界上少数公司而言)EB 级数据的数据中心,如图 10.1 所示。大多数声称与"大数据"打交道的人,实际上并没有这样做(图 10.2)。

精品艺术小数据是由数据科学家收集的具有因果关系的"真正的科学"数据,以补充和解锁更大的发现数据集。

图 10.1 处理"大数据"的并行计算机架

数据科学会议宾果卡				
内存中	非结构化数据	"我们在招聘"	数据分析	流动
鸢尾属植物数据集	机器学习	实时	数据化	脸书和推特
非关系型数据库（NoSQL）	手机	自由空间!!	物联网	路透社-21578
可视化	Hadoop 公司	社交图	@BigDataBorat 引用	字数演示
情感分析	NCDC GSOD 公司	商业智能	认为 R 语言不差的人	"数据是新的石油"

图 10.2　大数据中的关键概念（基于#BigDataBorat）

10.1　中型数据加速

如果设置和优化正确，运行数据库服务器的一台电脑（PC）通常可以满足 TB 规模数据的需求，而不需要企业级或大数据级的数据系统。在声称您需要不止一台机器之前要仔细想想！这里要考虑的一些选择包括：

- 在大型和经常访问的表中，使用合适的数据类型。您真的需要在可以用更小、更快的整数代替的地方使用浮点数吗？您需要在小字符串足够的时候使用大字符数组吗？
- 将索引放在所有需要搜索的列上，以获得从 $O(n)$ 到 $O(\log n)$ 的搜索速度。
- "物理索引"甚至比常规索引更快，每个表只能应用一个，并确保数据按索引顺序规律地排列在存储上，以便立即访问 $O(1)$。它们都不像常规索引那样占用额外的存储空间。
- 水平分区是将一个表的行分割成多个表，以便通过搜索项的某些特性告诉您要查找哪个表的情况下加快搜索数据。例如，一个驾驶员表可以分成 26 个表，称为驾驶员 A、驾驶员 B、驾驶员 C……其中的字母是他们车牌的第一个字母。如果您需要从车牌中查找驾驶员，那么您可以从其 ID 中直接判断要查询哪个表。如果您使用的是 $O(\log n)$ 索引，那么您可以用这种方式来降低 n。
- 垂直分区是标准化的另一个名称，它强调当查询只涉及个别表中捕获的实体的小方面时，可能会加快速度（但是，如果您必须进行大量的连接才能恢复所需的所有内容，标准化也会减慢系统的速度）。
- 空间数据类型（OGC 形状）将加速空间数据的搜索。您需要分配空间索引，它们不是自动的。
- 尽量减少发送到数据库的查询次数，因为每个查询都会产生一些通信开销。使用单一的、复杂的 SQL 查询来完成繁重的计算工作比使用编程语言处理来自多个查询的数据要更好。非常聪明的数据库程序员在数据库内部对 SQL 查询执行进行了高度优化，并且几乎总是比任何您可以在数据库外部编写的查询都快。
- 复杂的 SQL 查询本身可以通过考虑它们的部件和连接将按什么顺序执行来进行大规模优化。考虑您的索引将如何与选择和连接相关联，以及这些索引应该以什么顺序运行来最小化数据库所做的工作。

- 一些数据库服务器提供"内存缓存",其中常常访问的数据从硬盘移动到随机存储器(RAM),以便更快地访问。
- 您还可以编写您的客户端代码,在本地硬盘或内存中执行自己的缓存,以减少通过网络发送的查询和数据的数量。
- 虽然 Codd 最初的关系理论规定使用标准化数据,且每一个事实都只在一个地方表示。在实践中,如果缓存所有与每个分析问题相关的数据形成一个大表,那么您的数据库将运行得更快。这打破了良好的理论一致性保证,但如果您只是想让您的计算更快,那您不用在乎这一点。
- 如果您真的已经用尽了以上所有方法,那么就花钱购买一台高端服务器计算机来托管数据库。独立冗余磁盘阵列(RAID)服务器有三个硬盘存储数据的副本,这既可以加快访问速度,也可以在一个硬盘故障时提供备份。

例如,第一章中伦敦 M25 ANPR 数据的起始地-目的地分析最初看起来像一个"大数据"问题,因为它占用客户的代码时间来运行单个起始地-目的地查询。但是,我们没有购买和安装新的计算机,而是花了几天时间调整上述的加速,让它们在几分之一秒内运行。然后,我们可以在几天内用一台机器处理整个 M25 高速公路上一个月的自动车牌识别系统(ANPR)数据。

10.2 企业数据拓展

如果您确实已经用尽了上述所有加速选项,那么下一步的拓展就是考虑企业级体系结构。它们通常将数据库的不同用例划分为分配给小型网络(如数十台服务器)的任务和数据存储,如图 10.3 所示[⊖]。

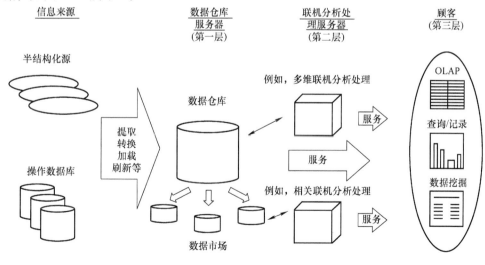

图 10.3 企业架构

⊖ 绘制这些图表的人都有"企业架构师"这样的职称,并且有一些拥有 IT 业最高的工资,比如 2018 年超过了 100000 英镑/年或 1000 英镑/天。

其中的一些任务可能包括：

复制。如果您的数据是静态的（即不是从实时来源不断更新），并且主要用于分析，那么处理许多用户的简单方法就是将整个数据库复制到几个独立的服务器上。当您有许多分析师用户同时访问数据时，这个方法是有用的。但如果您可以将自己的分析分成小部分，就可以在不同的机器上运行它们，在最后将结果组合起来。例如，为了计算1TB浮点数的平均值，我们可以将整个数据库复制10个副本，然后要求每个副本找到不同的100GB数据子集的平均值，最后计算这些平均值的均值（这是一个简单的"mapper-reduce"形式，我们稍后会介绍）。

连接池。池服务器不是让用户连接到特定的复制数据库中，而是复制服务器集群的一个公共接口，接收多个客户端的请求并将它们自动传递到当前可用的最佳复制服务器，高级池可以考虑和负载平衡各个服务器的计算能力，例如，将更多的查询传递给具有大量内存（RAM）的快速处理器的服务器，而不是传递给同一集群中的旧机器。对于postgres，pgpool附加模块执行池操作。

抽取转化加载（ETL）客户。将抽取、转换、加载脚本移动到数据库服务器以外的机器上，并让它们自己进行文本解析，只需向数据库服务器发送插入查询即可。您通常希望将其安排在夜间运行，以最小化分析人员白天工作的服务器负载。

如果您需要处理对数据库的插入，那么复制是一个问题，因为它可能会破坏数据库的一致性，这是由于不同的副本在不同而且往往是不可预测的时间更新，因为他们忙于为用户服务的其他工作。在这些情况下，更高级的选择是：

联机分析处理（OLAP）架构。如图10.3所示，联机分析处理架构使用单独的机器进行主数据存储（"仓库"）、实时操作数据（如实时仪表板）和分析。联机分析处理表是去规范化的，数据缓存表就像单服务器的情况一样，但是针对不同的查询或查询类优化的不同格式可以托管在单独的机器上。有时它们会以牺牲灵活性为代价达到完全不规范化速度（多维OLAP，MOLAP）；其他时候，一些关系结构将在速度损失的情况下保持灵活性（关系联机分析处理，ROLAP）。从仓库数据创建联机分析处理表的作业应该在夜间运行，以避免在分析师工作期间加载。

第三层联机分析处理。如果联机分析处理非常大，可以在新机器上从其他联机分析处理表创建联机分析处理表。例如，如果一组分析师想要处理相关数据，但每个分析师都有自己的方式。

数据集市是主要数据仓库的子集，通常被一起访问，并且可以有效地存储在不同机器的数据库中。例如，所有交通传感器数据在一个服务器上，所有汽车保险单数据在另一个服务器上。在为共同任务划分劳动力的同时，这使得当两个集市需要交互时，很难合并数据。如果这样的储存之间不能很好地相互交流，那么有时会使用贬义词"数据竖井"[⊖]。

需要实时插入和实时访问的操作数据，如用于实时仪表板的操作数据，可以保存在专用服务器上，在晚上或其他安静的时候，脚本就会把它移入仓库。

分表是将存储在单独服务器上的表进行水平分割。pgshard等工具可以帮助实现自动化。在某些情况下，分表可以在本体（表设计）层显得透明，由实体数据库实现处理，而基本

⊖ 通常是由咨询师向您收取一大笔钱，让您为他们做些事情。通常是绘制企业图的人。

分割需要将本体划分为不同名称的表。

网络硬件可以加速集群中机器之间的连接，例如使用快速无线宽带（Infiniband）而不是以太网（Ethernet）连接。这可能会变得非常复杂，特别是如果企业在不同的物理位置有站点，它们需要访问相同的数据，并以比集群内连接更慢的速度通过互联网连接。像 Lustre 这样的专业文件系统可以在磁盘阵列（RAID）这样的多个硬盘上分发和加载平衡文件存储，但需要在集群中的实体文件服务器机器上。

10.3 CAP 定理

企业架构是以一种特殊的方式发展起来的，对其计算机科学特性的理解相对较少。最初的 Codd 模型是非常规范的——它以"现代主义"的观点看待数据，认为它是一个干净、一致的世界图景。所有的企业方法都违反了至少一个 Codd 原则，并且可能导致数据库中出现数据不一致的情况。

Codd 模型是在数据库研究与人工智能（Artificial Intelligence，AI）之间差别较小的时候产生的。人工智能的目标是将事实世界表示为逻辑，它可以用来回答非常复杂的逻辑查询，通常使用 Prolog 等逻辑形式。Prolog 程序是逻辑事实和演绎规则的列表，例如以下的车祸模型和规则，以确定是否有保险公司需要相互呼叫（符号"：-"大致意思是"是真的，如果"，","读为"和"）：

person(ludvig).
person(edgar).
car(car1).
car(car2).
driver(ludvig, car1).
driver(edgar, car2).
crash(car1, car2).
insurer(ludvig, bigactuaryco).
insurer(edgar, bigdataco).
tocall(A, B) :- driver(X, XC), driver(Y, YC), \
    crash(XC, YC), insurer(X,A), insurer(Y,B).

这种维特根斯坦式（Wittgensteinian）的人工智能逻辑观点强调逻辑推理算法，而不是数据存储或效率，尽管（大致）与 SQL 的功能相当。但是关系 SQL 数据库在其实现中强调存储和效率，而不是逻辑。Prolog 风格的人工智能已经过时了很长一段时间，但是 SQL 幸存了下来——做类似的事情，但以一种更实用和更低调的方式。

但人工智能在关系理论上一直持续强调数据的一致性。从人工智能的角度来看，数据库中存储的一个矛盾可以从逻辑上证明任何语句，如数学中的真 = 假[⊖]。在现代数据分析中，

[⊖] 这种对人工智能的看法是旧媒体讽刺机器人在面对矛盾时与"不计算"错误碰撞的根源。后来的人工智能研究确实通过使用不同的逻辑基础，如"真相维护系统"中的准一致逻辑，避免了如此壮观的逻辑爆炸。在这些系统中，您可以证明汽车是红色的，也可以证明汽车是蓝色的，但它不再从这一点出发，即 0 = 1，因为矛盾包含在逻辑域中，并指出您的假设的问题，而不是世界的状况。这是基于人类的推理，这往往可以推断出矛盾的结果，但也不会爆炸（见 Doyle 1979，*A truth maintenance system*，Artificial Intelligence 12（3）：231-271）。

对逻辑或一致性的强调较少——一切都是嘈杂的、连续的、概率的，如果有一些数据故障，那么这通常并不重要。

这提供了对企业架构发展的现实工业世界中所发生事情的一些理解。临时扩展是混乱的，并破坏了Codd所需的一致性属性——但工业通常不关心，因为它不再使用依赖一致性的逻辑人工智能推理方法。公司一直愿意在良好的理论属性之间权衡，以便建立起在实践中能够大规模工作并服务于用户的系统。直到最近，这都让Theory感到尴尬，因为它基本忽略了现实世界，继续教授Codd的观点。

最近，Theory详细分析了这些偏离Codd模型的情况。CAP定理（Gilbert和Lynch，2002）证明了不可能跨多个服务器构建具有一致性、可用性和分区容错这三个特性的数据库。可用性意味着任何查询都会收到一些答案，而分区容错意味着任何网络连接都可能离线。

10.4 大数据扩展

遵循CAP定理，许多研究都对Codd的要求提出了质疑，并设计了新的数据库，以权衡一个或多个CAP属性，换取跨越多个服务器扩展的能力。对于数据库设计来说，这是一个激动人心的时刻，在Codd模型出现近40年后，新的想法和软件一直被提出。与依靠使用少量机器的临时企业架构不同，这些大数据系统在服务器上几乎可以无限扩展，因为它们没有Codd假设，即需要存储在不同位置的数据才能连接在一起。

10.4.1 数据"湖"

一种选择是完全放弃数据库的想法，回到Codd论文开始时讨论的原始文件存储。通过在多个服务器上存储原始的、未处理的输入数据作为一个"数据湖"，我们允许数据分析师动态地执行他们自己的ETL类型操作，而不是强迫他们对数据进行任何特定的本体论解释。如果Wittgenstein-Codd对世界的看法是精心策划的，一致的事实是"现代主义"，那么我们可以说这是一个"后现代"的数据架构，在那些哲学家之后如Gadamer，他提出了这样的要求："只有当我们与文本进行对话时，文本才会产生意义。"

这种方法还允许使用非结构化数据，如图像和自然语言，由专家分析师直接分析，而不需要数据管理员（DBA）来进行困难的ETL操作。

这种方法的一些缺点是：计算速度——为每一个查询动态地运行ETL要比数据管理员导入数据时只运行一次慢得多；以及软件开发的速度，如果分析师需要编写自己的ETL脚本，并自己管理类似SQL的操作的话。一些传统的数据库管理员和架构师可能很难让他们的分析师以这种方式处理原始数据。作为一种文化，他们已经习惯于成为有能力的员工，他们定义了高度集中的系统和本体，这些系统和本体塑造了他们组织的过程和思维。根据《麦肯锡意识》（The McKinsey Mind），这种概念化和问题定义是高级管理的关键部分，而不是留给分析师的事情。

10.4.2 网格计算

几十年来，科学计算在称为网格的系统中对类似湖泊的数据进行操作。例如，语音识别研究从来没有从平面文件切换到数据库,而且始终将大量原始音频和文本项存储为单个文件。在科学计算中,数据通常由大量相似的实体组成,它们之间没有太多联系或根本没联系。在语音识别中,语音和转录的每个音频文本对都可以完全独立于其他文本进行顺序处理。没有选择或连接数据。这样的计算任务被称为"可并行的",因为它们可以非常容易地被分割成独立的工作,在一组相同的机器上运行。每个机器都被赋予一组要处理的数据子集,并将其结果返回给主服务器进行排序。例如,为了计算语音识别器对超过1TB数据的平均误差,我们将其划分为1GB集,并将每个集("map")分配给1000台机器中的一台。每台机器 $i \in (0, M)$ 返回自己的平均误差 $\bar{x}_i$ 和在其上测试的案例数 N_i。然后主服务器通过下式将这些统计数据"减少"到一个平均值

$$\bar{x} = \frac{\sum_{i=0}^{M} N_i \bar{x}_i}{\sum_{i=0}^{M} N_i}$$

- 您将如何以类似的方式计算标准差?

制作数据分区、将它们分配给服务器、负载平衡和调度来自许多用户的工作请求以及整理它们的结果的过程可以由您自己的程序手动完成(最简单的形式就是将数据分成10个文件夹,将每个文件夹拷贝到一台笔记本电脑上,并在每个文件夹上手动运行脚本),或者更多的是使用"网格引擎"实现部分自动优化,如太阳网格引擎(Sun Grid Engine,SGE)。太阳网格引擎只允许您与一个主节点交互,请求要完成的工作,并让它(几乎)自动拆分,发送到服务器并整理。

网格计算有三个众所周知的问题。首先,数据通常存在于单个文件服务器机器上,有时也存在于使用"Lustre"文件系统等工具的几个集群文件服务器上。因为数据不存在于进行计算的机器上,所以每当运行计算时,大量数据必须通过集群网络传输到每个计算节点。即使使用像Infiniband这样的快速网络,当网络变得拥挤时,它也不会扩展到一定规模。网络带宽是瓶颈。

其次,太阳网格引擎等网格引擎不容错。如果服务器在大型计算期间发生故障(这在繁忙的集群中可能是非常常见的),那么它可能使整个计算无效,包括其他节点的工作;或者在最好的情况下,将需要人工干预来再次设置和重新运行丢失的部分。

第三,网格引擎被设计成运行在定义良好的实体服务器集群上,如大学里充满服务器的房间。一旦您选择了此集群的大小(如1000台服务器)和花时间建立网格引擎,就不容易再动态增加新的容量,除了购买新的实体服务器,并雇人来安装它们,通常在安装过程中将网格离线一天。当网格被许多用户和组共享时,缺乏缩放是一个特殊的问题。众所周知,在大学里,像CERN希格斯玻色子(Higgs boson)搜索器这样的计算量大的组通常会在会议期间一次完全接管一个网格几个星期,使它对其他人毫无用处,除非是为了平衡需求的社会工程(如现金转移)⊖。

在许多大型机构,如大学,太阳网格引擎可以通过管理的集中式IT服务在数千个节点

⊖ 这使其他碰巧同时有自己会议季的研究人员的生活变得艰难。而且,当这种情况发生时,为了优化一个组的计算时间而牺牲另一个组的计算时间,人们经常会玩一些肮脏的把戏。出于某种原因,物理学家似乎总是得到最优先的考虑。这可能是因为他们的工作对人类知识的进步更重要,也可能是因为他们获得了建立集群的资金,取决于您的观点。

上获得。在某些情况下，在被允许使用之前，您可能需要证明自己的能力，因为它可能会在不同人的工作之间进行交互，或者以其他方式破坏其他用户的工作。您可以使用 Python 编写这样的脚本来使用太阳网格引擎，从太阳网格引擎读取它们的任务 ID，并使用它们来读取、处理，以及将不同的文件写入共享文件系统（然后您将编写一个 reducer 脚本来整理所有输出结果）：

#myJob.py：
my_job_ID = os.environ['SGE_TASK_ID']
input_data_filename = '/home/charles/data_%i.csv'% my_job_ID
output_results_filename = '/home/charles/results_%i.csv'% my_job_ID
myProcessingFunction(input_data_filename, output_results_filename)

然后，使用 qsub 命令在集群中并行启动，1000 个这样的作业：

```
$ qsub -t 0-1000 myJob.py
```

10.4.3 Map–Reduce 和云计算

以上三个网格计算问题由 Map–Reduce 框架解决。这些软件工具使您能够编写网格中使用的类似"map"和"reduce"脚本，但以更高级的方式处理它们。

首先，它们将数据的存储分布到网络中的所有服务器上，而不是放在少量的文件服务器上。它们安排计算负载，以便在承载数据的同一服务器上执行数据计算，因此在映射阶段不需要在稀缺的网络带宽上传输数据。这消除了网络瓶颈，也消除了对 Infiniband 等昂贵的快速网络的需求。

第二，它们是容错的。分布式数据存储包括多个服务器上每个数据段的副本（分布式副本的概念类似于 Lustre，但在这里，服务器被用作计算节点，而不仅是像 Lustre 那样作为文件服务器）。如果任何服务器上的数据存储或计算失败，Map–Reduce 框架将检测到这一点，在其他节点上生成新副本，并自动在那里重新运行计算。容错不仅允许高性能计算机的故障，而且可以完全消除对它们的需求，并允许计算在大量的廉价消费级计算硬件集群上运行。

第三，它们被设计成易于扩展和无限扩展的。通常，您在某个公司的数据中心（"云"）服务器上运行 Map–Reduce 集群，每小时租用一次，而不是维护您自己的硬件。这些中心可能有数百万台计算机，供许多人用于许多目的。但是，通过规模经济（和/或支付更多的钱），您几乎总是能够在额外的机器上购买时间，而不必担心其他用户正在做什么。因为在正常运行期间传递的唯一数据是 mapper 输出，而不是大数据本身，这并不会给网络带宽带来压力，也不会成为瓶颈。

这些设计概念结合在一起，会产生比网格计算更"无秩序的"或"开源"的云计算风格。网格必须集中规划和维护，使用昂贵的高性能硬件和专门的 IT 专业人员来保持它们的运行。相反，Map–Reduce 运行在廉价的消费硬件上，它的设计是为了允许和解决故障。向网格中添加额外的容量并非小事，但是向 Map–Reduce 设置中添加新计算机是很简单的。通常要使用网格，您必须是拥有中央网格和全职管理人员的大型组织的成员，但任何人都可以自己建立一个小型的、廉价的 Map-Reduce 系统。Map-Reduce 能够快速地重新配置工作跨集群的添加和删除的机器这使得它很适合云计算。在云计算中，用户每小时从外部公司租用一到数百万台廉价计算机，而不是在家里安装。由于这些原因，这种处理方式在许多数据科学任务中取代了网格。然而，对于其他任务类型，网格仍然比云具有优势，例如解决计算密集型而不是数据密集型的问题，以及不容易分解成映射可还原单元的任务。

10.4.4　Hadoop 生态系统

最著名的 Map-Reduce 系统是 Hadoop 和 Spark，它们执行 Map-Reduce 和相关计算。Hadoop 是最初的 Map-Reduce 组件，现在是一个开源大数据软件的大生态系统。现代实现是在 HDFS 和 YARN 工具之上运行。在用户看来，Hadoop 分布式文件系统（HDFS）是一个可以存储大数据文件的大硬盘，但内部将这些文件分解成小块，并将它们的存储和计算分布到集群中（大致类似于网格计算中的 Lustre）。YARN（另一个资源谈判者）提供接口来请求跨集群的计算资源（大致类似于网格计算中的太阳网格引擎）。

最近的一种趋势是将数据从磁盘中完全移出，并在服务器的 RAM 中"内存"工作，这对于需要多次传递相同数据的机器学习应用程序特别有用，例如在参数优化过程中。这是由 Spark 系统实现的。

这一生态系统的其他近期组成部分包括将许多常见数据任务自动转换为 Map-Reduce 表单的工具；将数据移入和移出 HDFS 的工具，也许是实时的（Flume）；用于自动化复杂工作流的工具由许多 Map-Reduce 作业组成（Cascading，Tez）；以及更高级的各种语言接口（mrjob，pydoop）。在 YARN 上实现了除 Mapper-Reduce 之外的其他并行计算架构。例如，DL4J 库在 YARN 上构建并行分布式层次线性参数回归（"深度学习"/"神经网络"）单元，我们也可以看到大型贝叶斯网络的实现[○]。其他工具，如 Impala 数据库，正在仅基于 HDFS 开发，不需要 Map-Reduce 或 YARN。这种"Hadoop 生态系统"变化很快——尽管许多系统保留了它的名称，但它们根本不再使用原来的 Hadoop 软件，而是建立在 HDFS 和/或 YARN 上——因为它是由许多硅谷大公司不断开发的。最新发展见 hadoop.apache.org/。

10.4.5　非关系数据库（NoSQL）

虽然网格和 Mapper-Reduce 系统可以与一般的非结构化"数据湖"一起工作，但在实践中，它们几乎总是用于对类似实体的列表进行操作。例如，Hadoop 文件行通常都具有相同的格式，如相同的一组 CSV 类字段。这是因为随着数据库规模的扩大，它们通常包含"更多或相同"——更多的数据以相同的方式收集世界上相同的事物，而不是关于新事物的新类型的事实。世界上大多数最大的数据库都是这样的，有一排排的客户交易、汽车旅行或政府公民记录。

访问这些数据的方式通常是假设每一行都用属性建模一个实体。从本体论上讲，我们在本书的前面看到，亚里士多德式的、面向对象的、由实体和属性构成的世界观之间一直存在着矛盾；维特根斯坦思想的信徒（Wittgensteinian）认为世界是由逻辑事实组成的关系观。关系视图更强大，因为它允许以任意方式组合关系形成新的关系，而实体属性视图则更严

○　blog.cloudera.com/blog/2014/08/bayesian-machine-learning-on-apache-spark/.

格，提前固定了本体。一段时间以来，数据表一直在朝着代表不同实体而不是更一般的关系不断发展。程序员还没有发现能和 Codd 与人工智能研究人员所预期那样有用的通用关系模型，逻辑和逻辑人工智能普遍已经过时，已经被概率和分类利益所取代，因此对以复杂的方式组合逻辑事实的能力需求较少。从经济学角度来讲，大多数数据收益现在来自商业网络公司，他们希望处理购物车和点击的记录，而不是了解智能。而且，也许编程语言（不同于数据库）中面向对象的流行也与此有关。如果我们假设每个表有一个类，那么在持久数据库中存储和检索软件对象就很简单。您可能已经发现自己写了很多这样的代码：

```
sql = 'SELECT * FROM sites WHERE ... ;'
site.easting = df['easting']
site.northing = df['northing']
site.installDate = df['installDate']
```

这是在关系数据库和面向对象编程之间转换的一种困难的方法。但是，如果我们假设每个表都有一个类，那么就可以使用对象关系 mapper（ORM）库，如 SQLAlchemy 来自动化实现这种转换。其他面向对象的数据库（OOD）是从头建立起来的，专门支持这种编程风格。只有当我们禁止动态关系组合，区分具有自己的表的"真实"实体和未由表和类显式表示的实体之间的"第二类"关系时，它才有效⊖。

放弃关系组合使得分布式数据库的设计更加容易，因为分布式关系系统的大部分复杂性来自于服务器通信以连接存储在单独机器上的数据。如果我们从数据库中需要的只是存储和检索特定实体的能力而不是关系，那么我们可以简单地进行横向和纵向划分，每个查询都可以在相关服务器上独立地执行。这就是网格和 Mapper – Reduce 中的"琐碎并行化"。CAP 定理说，通过这样做我们有时会冒着失去一致性的风险。但是，如果您在工作处理的是数 TB 历史用户购物篮，您通常不关心他们中的一些是否有点过时或相互矛盾，就像一个合乎逻辑的人工智能研究者会关心的那样。

一些数据库设计人员在这个假设下构建了系统，但试图保留部分 SQL 语法，使它们易于使用——因为大多数数据库用户都接受过 SQL 的培训。这些系统通常显示为 SQL 的子集，提供了 SELECT、WHERE、COUNT 和 GROUPBY 等特性，但省略了 JOINs。它们被称为"非关系数据库（NoSQL）"系统。

建立非关系数据库系统来优化许多不同的功能，而牺牲了其他功能。有些人不关心实时插入更新、其他用于操作使用的优化以及其他用于数据挖掘类型查询，从而使历史数据的访问速度非常快，这些查询可以被假定多次请求相同的数据子集。有些是为阅读、写作或平衡读写而优化的。有些人放弃按属性值进行索引或选择，只关注从其名称（主键）中检索实体。一些"值存储"通过强制所有行具有相同的结构来执行类表映射（Redis，Cassandra⊖）；其他"文档存储"数据库更松散，类似于湖泊的模型简单地将索引名称映射到任意的、大小无限的 0 和 1 的集合或 JSON 结构（MongoDB）中，以便以程序员选择的任何方式

⊖ 这也可能取决于编程语言使用的对象定向风格。在像 C + + 这样的强类型语言中，程序中使用的所有类都必须预定义，但是像 Python 这样的" 鸭类型" 语言能够在运行时动态构造新的类，这在理论上可以用来表示任意关系作为对象。

⊖ 此外，LMBD 的" 闪电记忆映射数据库" 有这种形式，尽管它优化了在一台机器上非常快速的检索——对机器学习训练来说是有用的。

来使用。

10.4.6 分布式关系数据库（NewSQL）

在 Codd 模型和 SQL 占据主导地位几十年后，过去十年出现了新的数据库设计的爆炸式发展，这些设计仍在进行中。每个月都有新的数据库和版本发布，由于大多数是开源的，它们每天也被分叉成数千个试验版本。很难或不可能完全跟上他们的步伐，任何关于特定系统的内容都很可能在阅读之前发生变化！像 Postgres 这样的旧数据库也不会保持静态，它们的设计人员仔细观察非关系数据库系统并借用它们的想法和特性，因此，它们可以更长时间地被归类为纯粹的关系本身。空间和地理信息系统 SQL（GIS SQL）扩展的集成将需要跟上新系统的步伐[一]。

目前的研究领域旨在开发大数据集上的完整贝叶斯推断系统，例如贝叶斯网络，它的节点是在不同的机器上实现的，通过网络传递信息[二]。

另一个研究领域试图在分布式系统中重建尽可能多的关系理论。我们知道不可能违反 CAP 定理，但通过放松它的一些假设（如允许短暂的不一致或中断），可以将许多经典模型重新组合起来。Apache Hive 是一个运行在 Hadoop 之上的数据库，使用 SQL 方言 Hive QL，并且能够执行连接。Cloudera Impala 是另一个实现相同 Hive QL 的数据库，在没有 Hadoop 的情况下运行得更快，直接在底层 HDFS 上运行。这方面的计算机科学非常困难，需要优化网络和计算资源，以便在查询处理期间将大量数据移动到节点周围。这可能在很长一段时间内仍然是一个活跃的研究课题。但是，如果重建工作完成，数据分析人员将能够像 20 世纪 70 年代一样重新使用经典 SQL，而不关心在应答他们的查询时涉及什么新的计算机科学算法。

10.5 练习

10.5.1 Prolog AI 汽车保险查询

您可以运行第 10.3 节的 Prolog 程序，如下：

```
$ gprolog
[user].
<type the program here>
<press Ctrl-D>
tocall(X,Y).
```

最后的命令询问由所提供的逻辑事实组成"知识库"，它是否能找到 X 和 Y 的任何值，以使与 tocall（X, Y）的关系为真（注意，Prolog 命令以句号结尾）。它应该找到所有保险公司对的名字，这些保险公司由于其被保险人驾驶的车辆发生碰撞而需要联系对方。扩展此

[一] 例如，Hadoop esri.github.io/gis-tools-for-Hadoop。

[二] 例如，http://blog.cloudera.com/blog/2014/08/bayesian-machine-learning-on-apache-spark/是在 Spark 上运行分布式 PyMC 的项目。

模型以获得更多的事实和查询。Prolog 与 SQL 有什么相似之处和不同之处？

10.5.2 车载蓝牙数据的 Mapper – Reduce

目前最著名的 Mapper – Reduce 框架是 Hadoop 及其分布式文件系统 HDFS。在标准设置中，所有数据都表示为一个巨大的文件（例如，TB 或 PB 级别）。在 HDFS 内部，来自该文件的数据被分割并存储在服务器上，但它作为一个文件显示给分析师。Hadoop 假设所有文件都是文本文件，并且每行包含一个数据项，如 CSV 中的数据项。输入行可以有任何格式，但 Hadoop 自己的文件通常使用"键 – 标签 – 值（Key – Tab – Value）"行。这意味着文本 ID（或"键"）首先出现，然后是标签字符，然后是任意值数据。值数据中的任何内容都是可能的，包括图像和视频等二进制数据以及类似 CSV 的字段[⊖]。

假设我们有一个蓝牙检测的大数据集（例如，TB 级别），它们是 CSV 文件，其中包含检测设备的检测日期时间和蓝牙 MAC 标识符，如在 data/dcc/bluetooth/ *.csv 中：

```
14/02/2017 00:03:08,MAC,,90,196 (MAC),C292952806B7
14/02/2017 00:04:18,MAC,,90,196 (MAC),1174744003D2
14/02/2017 00:04:18,MAC,Reverse,90,196 (MAC),1174744003D2
14/02/2017 00:04:19,MAC,,90,196 (MAC),F89490400987
14/02/2017 00:04:41,MAC,Reverse,90,196 (MAC),C292952806B7
14/02/2017 00:04:44,MAC,,90,196 (MAC),8054554004F8
...
```

我们希望找到一个特定蓝牙 MAC 被检测到的总次数。我们可以在本地电脑上使用从这些数据中提取的摘录来编写和测试 mapper 和 reducer 函数，而不需要实际的 Hadoop 集群，以下是一个 mapper.py 的示例：

```python
#!/usr/bin/env python
import sys
for line in sys.stdin: #read from input stream
    line = line.strip()
    (timestamp,sensorType,heading,foo,bar,mac) = line.split(",")
    count=0
    if mac=="F89490400987": #the MAC we seek
        count=1
    print('%s\t%s'% (mac, count)) #output KTV
```

通过向 mapper 流一行字符串，然后向其发送一个完整的 .csv 文件来测试它：

⊖ 然而，Hadoop 在很大程度上依赖于标签、换行符和回车符的使用。二进制数据可能在某些字节中包含这些数据，您需要删除这些数据。这样做的一种方法是用正则表达式替换它们。然后，当您准备在 mapper 中处理数据时，将这些字符串替换为原始字符。或者，库和"Seq 文件"可以用来做类似的事情。

```
$ chmod +x mapper.py
$ echo "14/02/2017 00:00:13,MAC,Reverse,89,194 (MAC),
F89490400987" | ./mapper.py
$ cat /data/dcc/bluetooth/vdFeb14_MAC000010100.csv | ./mapper.py
```

"#!"代码行和 chmod 命令使 Hadoop 和其他工具可以使用该程序。

其输出 KTV 数据如下（其中 ID 和值之间的空格是一个制表符）。mapper 已将"1"附加到所需 MAC 的每个实例：

```
EAB3B138083C  0
F89490400987  1
019096000736  0
...
#!/usr/bin/env python
from operator import itemgetter
```

编写一个 reducer.py，对每个 MAC 的 mapper 输出进行求和：

```
import sys
current_mac = None
current_count = 0
word = None
for line in sys.stdin:

    line = line.strip()
    mac, count = line.split('\t', 1)
    count = int(count)
    if current_mac == mac:
        current_count += count  #as inputs are sorted
    else:
        if current_mac:  #output in KTV format
            if current_count>0:

                print('%s\t%s' % (current_mac, current_count))
        current_count = count; current_mac = mac
```

在排序 mapper 输出上测试 reducer：

```
$ cat /data/dcc/bluetooth/vdFeb14_MAC000010100.csv|./mapper.py|sort-k1,1
  | ./reducer.py
```

给出输出，比如：

```
F89490400987  170
```

10.5.3 设置 Hadoop 和 Spark

安装物理的 Hadoop 和 Spark 集群超出了本书的范围，也超出了大多数数据分析师的能力范围。它通常由一位专门的 IT 专家完成。这是很困难的，因为这些工具被设计成手动配置，以在数千台计算机上运行，可能在不同的房间或国家，并且具有不同的可靠性和速度，具有较强的安全性要求。

不要求读者访问计算集群或执行这样的安装，第二个 Docker 映像可以从 Docker（或本书）服务器获得，它在一台机器上模拟了 Hadoop 和 Spark 集群。它被称为 itsleeds/itleeds - bigdata，可以从 Docker 下载和运行，类似于主 itleeds 映像⊖：

```
docker run -it -p 8088:8088 -p 8042:8042 \
  -h sandbox itsleeds/itsleeds-bigdata bash
```

与 itsleeds 不同，但与大多数真正的计算集群一样，没有图形界面，所有交互都必须通过命令行完成。命令中需要额外的参数，因为大数据工具利用了实体及虚拟机的高级网络特性。如果您希望在真正的 Hadoop/Spark 集群上运行，那么 Rackspace（http：//go.rackspace.com/data - baremetalbigdata.html）和亚马逊（https：//aws.amazon.com/emr/details/spark/）等商业服务在撰写时，会提供对预先配置的系统的访问，但需要付费。

10.5.4 在 Hadoop 中查找车辆匹配项

一旦设置完成，可以在集群上运行与上面测试相同的 mapper 和 reducer，如下所示。首先，我们将数据复制到 HDFS 文件系统：

```
$ hadoop fs -copyFromLocal \
    data/dcc/bluetooth/vdFeb14_MAC000010100.csv \
    vdFeb14_MAC000010100.csv
```

告诉 Hadoop 运行 Map - Reduce 任务（通过"Streaming"模式连接输入和输出字符串流）：

```
$ hadoop jar $HADOOP_HOME/share/hadoop/tools/lib/hadoop
streaming-2.7.3.jar \
  -file mapper.py -mapper mapper.py -file reducer.py -reducer
reducer.py \
  -input vdFeb14_MAC000010100.csv -output myout.ktv
```

等待任务完成，然后从 HDFS 恢复输出文件以查看结果：

```
$ hadoop fs -get myout.ktv myout.ktv
$ less myout.ktv
```

这将给出与上一个例子相同的结果——但是这个系统可以用来搜索超过千兆字节的数据的检测。

试着改变 mapper 为每个蓝牙 MAC 输出一个"1"——将其输入到 reducer，然后计算这一天网络上所有车辆的目击次数。

试着使用 Hadoop 计算调查当天在 Derbyshire 每个调查地点检测到的每台蓝牙设备。您可以使用以下命令将多个文件的内容合并到单个文件中：

⊖ 本地 Linux 用户应该以 sudo 作为前缀。

```
cat data/dcc/bluetooth/vdFeb14_MAC000010101.csv \
    data/dcc/bluetooth/vdFeb14_MAC000010102.csv | \
    data/dcc/bluetooth/vdFeb14_MAC000010103.csv | \
    grep -v "Number Plate" > all.csv
```

此命令的 grep 部分在合并期间从每个 .csv 文件中删除标题行（其中包含短语"Number Plate"）。输出存储在新文件 all.csv 中。

10.5.5 用 Spark 预测交通流

在这里，我们将尝试预测一个地点的交通流量，给定一组其他地点随时间变化的读数，且没有关于网络的其他信息。这是一个纯粹的数据驱动模型的例子，它没有提到空间概念，如地图、路径或 Wardrop 平衡。

假设我们观察到在 1min 的时间段 t 内，在 $i = 1:N$ 的位置上蓝牙流量为 $b_{i,t}$。我们在 Chesterfield 周围有 $N = 7$ 个传感器。假设传感器 $i = 0$ 已经坏了，我们希望估计那里的流量 $\hat{b}_{0,t}$。我们将这些估计建模为其他传感器数据的线性函数[1]。

$$\hat{b}_{0,t} = \sum_{i=1}^{N} \sum_{\tau=0}^{T} w_{i,\tau} b_{i,t-\tau}$$

这里的理论是，站点 0 上的流量包括了过去某个时间点上来自其他站点的部分流量，因为从那里到站点 0 需要时间。假设站点 0 到其他站点之间的最大出行时间为 $T = 5$（min），我们希望找到参数 $\{w_{i,\tau}\}_{i,\tau}$。有 $(N-1)(T+1) = 36$ 个参数。

模型是线性的，可以通过线性回归来求解。理论上，线性回归是微不足道的。对于小数据，您可以运行一个标准的回归程序，就像 Python 的 sklearn 库中的程序一样（或者在 Matlab 中，只需输入"b = y \ X"!）在实践中，有许多数据必须预处理和计算，例如使用分布式并行软件（如 Spark）。在一台计算机上，使用 sklearn 可能需要几个小时或几年来运行。

Spark 有一个机器学习库，它包括一个线性回归函数，能够大规模运行（如 PB 级的观测数据）。与大多数 Spark 程序一样，这个函数（在概念上）以一个简单的文本文件作为输入。文本文件的每一行都有这样的格式：

```
26.0 1:77 2:77 3:0.0 4:0.0 5:0.0 6:0.0 7:42 8:42 9:0.0 10:0.0 \
11:0.0 12:0.0 13:185 14:185 15:0.0 16:0.0 17:0.0 18:0.0 19:63 \
20:63 21:0.0 22:0.0 23:0.0 24:0.0 25:22 26:22 27:0.0 28:0.0 \
29:0.0 30:0.0 31:32 32:32 33:0.0 34:0.0 35:0.0 36:0.0
```

第一个数字是预测目标 $\hat{b}_{0,t}$（文本文件的行数超过 t）。其他 36 个数字是 $(N-1)(T+1)$ 回归输入，$b_{i,t-\tau}$（这种格式称为 libsvm 格式）。

从许多观察结果来看，这个文本文件可能有无数行。在实践中，它被实现为一个称为 RDD 的复杂结构，而不是一个实际的文本文件。对于像这里这样的小例子，我们可以使用实际的文本文件。在 Spark（以及它所构建的许多其他库，包括 Hadoop 的 HDFS）中，RDD

---

[1] 正如 ITS Leeds 学生 Aseem Awad 所建议的。更普遍和更有用的是，这可用于预测临时感应回路等传感器所计算的总流量，在临时传感器用于校准之后，将其移除。

的行被分成由行组成的块,并在许多(如数千)跨越计算集群的机器之间分配(和复制,以防机器崩溃)。然后,大多数机器使用自己的块("map")运行线性回归任务的子问题,而其他几台机器则从这些块中读取结果,并将它们("reduce")组合到最终解决方案中。在我们的玩具示例中,我们将在一台机器上运行,但使用完整的 Spark 设置。如果我们有更多的数据,我们将使用完全相同的 Spark 命令在完整的集群上运行。

任务:

第一个任务是使用 Derbyshire 蓝牙数据准备 Spark 的输入文本文件 data.libsvm,包含上述格式的行。要做到这一点,我们需要查找从以前的时间到预测时间的流量。这样做的一种方法是将所有流读取到数据库中,然后使用 SQL 查询所需时间检索流以创建每一行(如果您不愿意直接使用 Spark,在代码示例中提供了一个预先构建的 data.libsvm)。通过以下代码把它上传到 HDFS:

```
$ hadoop fs -put data.libsvm
```

使用 Spark,输入:

```
$ pyspark
```

这可能需要几分钟运行(因为 Spark 正在检查是否有数千台其他计算机连接到它,以及如何命令它们)。当这样竞争时,您应该看到一个 ASCII Spark 标志和一个 Python 命令行,如下所示。您可以导入线性回归库,并在数据文件上运行回归,结果系数 $\omega_{i,\tau}$ 在末尾打印出来,如下面的命令所示:

```
Welcome to ____ __
   / __/__  ___ _____/ /__
  _\ \/ _ \/ _ `/ __/  '_/
 /__ / .__/\_,_/_/ /_/\_\   version 2.2.0
    /_/

Using Python version 2.7.12 (default, Nov 19 2016 06:48:10)
SparkSession available as 'spark'.
```

从 HDFS 加载数据,输入:

```
training = spark.read.format("libsvm").load("data.libsvm")
```

然后定义和拟合模型:

```
from pyspark.ml.regression
import LinearRegression
lr = LinearRegression(maxIter=10, regParam=0.3,
elasticNetParam=0.8)
lrModel = lr.fit(training)
# Print the coefficients and intercept for regression
print("Coefficients: " + str(lrModel.coefficients))
print("Intercept: " + str(lrModel.intercept))
```

这将显示结果参数。显示 R^2 统计量(即线性回归模型解释的方差百分比):

```
trainingSummary = lrModel.summary
print("r2: %f" % trainingSummary.r2)
```

注意，当有大量参数时，应该（经典的、非贝叶斯的）对 R^2 统计量，进行调整以考虑过拟合：

$$R_a^2 = 1 - \frac{n-1}{n-k-1}(1-R^2) \tag{10.1}$$

式中，n 是数据点的数目（libsvm 文件的行）；k 是参数的数目（libsvm 文件的列减去 1）。

式（10.1）代表了在惩罚大参数（k）过度拟合数据的能力和奖励模型解释大量数据（n）的能力之间的权衡，类似于贝叶斯统计的 BIC。

回归也可以绘制以显示拟合，如图 10.4 所示。

spark. ml. regression 和 spark. ml. classification 库也有许多其他的判别性（也就是"机器学习"）函数，包括非线性回归方法，如决策树和神经网络，它们都具有与线性回归函数相似的接口（分类只是回归的一个特殊情况，目标采取布尔值或整数值）。试着换入它们来代替线性回归，看看哪些模型给出了数据的最佳预测（见 https：//spark. apache. org/docs/2.1.0/ml – classification – regression. html 的文件）。如果您能够访问更大的 Spark 集群，那么请尝试在较大的数据集（有着更大的 N、T 和 t 的值）上运行相同的代码（如 TB 级的数据）。

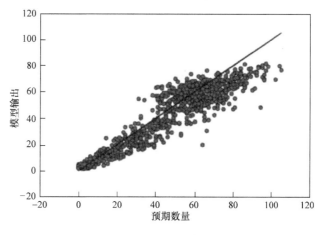

图 10.4　Spark 回归模型输出

注：模型和图形来自利兹 MSc 学生 Aseem Awad，显示预测流量在所有蓝牙站点与相应的地面真相流。

10.5.6　大型项目建议

获取多天的额外蓝牙数据，并使用贝叶斯或机器学习模型将单个蓝牙跟踪车辆分类如：①每日通勤者（他们几乎总是在一天的同一时间走同样的路线）；②游客（只在 Derbyshire 停留一天）；③不规律的本地道路出行者（他们多次出现在网络上，但采取不同的路线）。绘制这些细分市场的流量图，并基于此提出改进网络使用的建议。

建立一个以断链顶点作为节点，以道路作为连接的网络马尔可夫随机场模型，并利用 EM 算法对道路网络中所有顶点的流和顶点之间的相关性进行推断。如何将类似 Dijkstra 的路径先验融合到这样的模型中?

考虑到对网络的非物理干预,例如,如果公共部门通勤者的出行模式被委员会改变以重新分配流量,则流量可以得到改善;或者,如果委员会与当地一家快餐公司合作,在高峰时间提供免费咖啡,以减少网络上的流量,或者如果它重新规划信号灯,以优先考虑预期的个人通勤行程?这种数据驱动的干预措施的估计成本与建造新车道等实际工程干预成本相比如何?哪些路线可以被新的公共交通线路或社会出租车服务所取代?

您能通过往返超市或其他公司的出行数量和类型来预测该地区的超市或其他公司的股价来赚钱吗?

10.6　延伸阅读

- Dean J, Ghemawat S (2004) MapReduce: simplified data processing on large clusters. In: Sixthsymposium on operating system design and implementation, (OSDI).
- Gilbert S, Lynch N (2002) Brewer's conjecture and the feasibility of consistent, available, partition-tolerant web services. ACM SIGACT News 33, no 2, pp 51–59. (Proof of the CAP theorem).
- Manoochehri M (2013) Data just right: introduction to large scale data and analytics. AddisonWesley. (Excellent but low-hype guide to real big database tools).

第 11 章　专业问题

Nigel 使用的是 RCC 的车牌自动识别系统数据,其中包括在住宅街道上拍摄的显示汽车驶入车库的图像。Nicola 使用蓝牙数据绘制拥堵地图,在这个过程中,她注意到 Nigel 的手机在他们的共享办公室启用了蓝牙,在数据中查看了他的 MAC,并在鲁米吉郡周围绘制了他的活动轨迹,显示了他到 NRP 的行程。

Nicola 的 RNP 一直在收集选民上门采访的数据,其中包括他们的地址、投票意向和估计工资的报告。他们想知道每个人在哪里工作,这样他们就可以计划一场有针对性的工作场所活动,找到最活跃选民的办公室和工厂。如果他们能获得车牌自动识别系统数据,那他们就能做到这一点。他们要求 Nicola 接近 Nigel,并表示如果他们得到关于 NRP 行程的信息,大学可能会拒绝提拔他。如果 Nigel 让她借他的车牌自动识别系统数据一个下午,那么她可能会保守这个发现的秘密。

- Nicola、Nigel 和其他政党应该怎么做?有哪些控制措施或应该采取哪些措施?

11.1 道德、伦理和法律

道德意味着对什么是好的和坏的做出价值判断。道德公理的合理性是众所周知的,哲学家和公众成员都不同地从宗教、进化、社会效用或自我保护假设中获得灵感。作为工程师,我们通常不担心这一点,因为我们工作在一个能够进行自我道德评判,并将之写入社会系统,驱使我们做有偿工作的社会和一个能够在道德评判之下传递社会价值的市场中。有时,我们的个人道德情感也会被卷入其中,例如,在决定是为自己的国家从事军事运输,还是出口给出价最高的投标人,还是选择一份低收入或专业的工作(字面意思是"一劳永逸的",但也意味着"免费")让我们感觉良好的工作。但这些都是个人问题,而不是专业问题。

伦理。作为已经决定在一个项目上工作的专业人士,我们更关心职业伦理而不是道德。伦理学是研究如何在实践中发挥特定的道德效用功能,如将其转化为国家法律、专业章程和公司内部规则。伦理论断的问题比道德论断少,通常通过在现有的已理解的伦理和新的问题之间类比来进行。

法律是将社会的伦理判断编码成可强制执行的规则来规范行为。刑法处理侵犯社会的行为,并惩罚和阻止侵犯行为。民法处理侵犯个人的行为,并且可以允许索赔以弥补损失。这包括违反双方当事人之间签订的法律合同("契约法")所造成的损失,以及法律界定的非合同民事过错（"侵权法"）。

专业守则通常是其成员在许多组织中接受的自愿规则，为成员的质量提供了一定的保证，从而提高了他们的价值和工资。例如，特许工程师同意保持诚实和正直，并将公共安全置于严格的法律要求之上。各组织可制订额外的内部守则，以维护和改进其品牌，例如，利兹大学有一项研究伦理政策，工作人员要求遵循该政策（ris.leeds.ac.uk/homepage/2/good_practice_and_ethics）。从历史上看，计算和数据工作人员通常没有按照章程专业化，但工程师已经这样做了。

- 您觉得这是为什么呢⊖？

11.2 伦理问题

由于数据科学的政治利益，各个国家之间的具体数据法可能有所不同，而且它们当前也处于变化状态。因此，我们将在这里集中讨论它们背后的一般伦理原则，并鼓励您思考它们在当前的法律中是如何出现的，无论何时何地，您都可以根据这些法律进行运作。

11.2.1 隐私

便携式照相机在 19 世纪 80 年代开始流行，引发了关于数据隐私的首次辩论之一。在这项技术之前，摄影大多是应被拍摄者的要求在私人工作室内进行的。便携式版本使拥有者能够在公共场合拍摄他人的照片，而不一定征得他们的同意。例如，这可能包括太阳浴的沙滩装照片，然后复制和出售它们来挣钱。19 世纪 80 年代也有一种对隐藏的"侦探照相机"的狂热，这些照相机被用来拍摄犯法或违反道德的人像照片，要么将他们绳之以法，要么敲诈他们。摄影者认为，所有这些行为都发生在公共场所，根据定义，公共场所是开放给公众看的。反对者认为，公共空间的含义是，任何人都可以去那里看它，但通过这样做，他们也在公共场合表明了自己的身份，使其他人能够知道谁在看他们并且相应地调整他们的行为。

- 您知道您的国家现存有什么法律吗？如果照相机（像枪一样）被私下或公开使用，这有关系吗？

作为交通数据科学家，我们有时可以获得类似的公共空间图像，相比 19 世纪 80 年代规模更大。我们现在拥有能覆盖整个城市的闭路电视和其他数据原则上，如果有足够的资源，那么 19 世纪 80 年代的技术可以做到这一点，但现在更普遍了。我们能够将图像和传感器连接在一起，几乎不间断地跟踪所有通过城市和高速公路的人。数据库还通过这些数据使搜索进行得更快，以便观察特定的个人和总体趋势。存储所有的这些数据几十年或者永远存储的成本已经变得很便宜了⊖，例如，当一个支持 NRP 的青少年申请一份支持 RNP 的成年人的

⊖ 在英国，一些计算机科学家是英国计算机学会的"特许 IT 专家"成员或特许工程师，但特许经营远不如其他工程分支机构受欢迎。这就是为什么数据科学家必须为许多工作忍受几十个小时的面试，而特许工程师可以被认为具有合适的素质更容易被雇用。随着数据科学越来越多地涉及伦理和技术能力问题，最近对"特许数据科学家"计划提出了各种建议。

⊖ 目前，数据必须通过在数年或数十年的存储介质之间复制来持续保持"活力"，而如何在没有这种忧虑的情况下保存数据仍然是一个悬而未决的问题。一些作者担心，我们的文明最终可能会留下更少的数据，甚至是以黏土碑为基础的历史文化。目前的研究领域是可能持续数千年的晶体中的数据存储（见 Zhang, Jingyu et al. 5D data storage by ultrafast laser nanrostru cturing ing glass, CLEO: Science and Innovations. Optical Society of America 2013）。

工作时，可以恢复他们的行为，反之亦然。
- 这种标准尺度是否或应该改变道德、伦理或法律状况？
- 公共场所记录的数据应该提供给所有公众，还是只提供给记录数据的人？

11.2.2 去匿名化（Doxing）

许多人认为，数据科学只有在匿名或征得个人同意的情况下，才可以使用汇总统计数据和个人数据。
- 您同意这个吗？它背后是什么道德或伦理原则？

在许多情况下，法律或专业守则规范等措施都是为了执行这一规定。例如，M25 高速公路上的车牌自动识别系统检测散列在车牌自动识别系统摄像头内，以使车辆能够在网络周围被跟踪，但不将其运动与有名字的车主相连。

完全无法打破的匿名通常是不可能的。大多数个体的数据记录包含一些关于他们身份的信息，形式上是从先验 P（个体）中减少 P（个体 | 数据）的熵。一个极端的例子是，如果我们散列了鲁米吉唯——一个"Reliant Robin"驾驶员的驾照位置，但保留车辆类型信息，那么我们能够准确地跟踪他的所有轨迹。更广泛地说，记录车辆类型以及散列车牌自动识别系统可以给我们一些关于车中个体的信息，但本身还不足以完全识别。

信息理论告诉我们，我们经常可以将几个微弱的信息来源融合成更强的信息。假设我们有几个"匿名"数据集，它们都包含关于个人的部分信息，如他们的汽车类型、通勤时间和访问的地点。利用贝叶斯推论（在这种情况下用朴素贝叶斯假设）可以得到

$$P(个体 \mid D_1, D_2, \cdots, D_n) = \frac{1}{Z} P(个体) \prod_i P(D_i \mid 个体)$$

利用朴素贝叶斯理论，随着我们融合越来越多的微弱数据，它将收敛到某一识别信息。

对于单个组织收集的大多数传输数据，如鲁米吉郡的所有交通传感器数据，这种数据融合不太可能在短期记录的数据中达到足够高的精度。但是，如果我们导入长期的历史数据，例如将一个人十年的所有通勤数据融合，那么在某些情况下，这种准确性是可达到的。
- 练习：估计这需要多少个传感器，多少年？

由于数据聚合公司的存在，情况变得更糟（或更好，取决于您的观点），这些公司现在例行公事地买卖他们可以获得的任何来源的任何关于个人的数据。根据当地的数据法和个人选择不参与协议的决定，这些数据可以在技术上包括真正的"大"数据集，比如在大卖场进行的每一次购买，以奖励卡或信用卡的形式记录；每个运输传感器；在支持 cookie 的网站上所做的每一个动作，包括花了多少时间看那些面部识别的照片，花了多少时间看在线市场产品（包括每一页预览的时间），几十年来搜索引擎查询的文本，几十年来在网络电子邮件系统上发送的每一封电子邮件的自然语言解析和主题分类文本，以及从公开的"专业"社交网络上的职称所推断的工资。如果您接受这些法律选择条款和服务条件，那么您可以设想这些公司将通过出售数据给聚合公司而从中获取巨额利益——事实上，如果他们没有这样做，那他们可能无法对其股东履行法律义务。然后，聚合公司再将数据出售给任何愿意购买它的人，其中可能包括想要将所有交通数据去匿名化的交通数据科学家，以及其他任何人，包括广告商、政治战略家、税务执行者、您的商业竞争对手、社交媒体跟踪者、外国情报机构等。在这个规模上，融合弱数据可能足以使来自其他数据集的个体完全去匿名，如交通传

感器。在这种情况下,"大"数据的规模确实对隐私产生了明确的差异——因为一个人要么可以被识别,要么不能被识别,并且存在一个点,该点使识别变得唯一或至少"毫无疑问"。收集数据就像收集铀-235一样——当大量数据汇集在一起时,将发生出乎意料的变化。

这一想法的一个演变是源于数据科学家收集他们自己的"工匠艺术小数据",作为对他们现有数据收集的补充,同样是通过提供足够的信息实现去匿名化。例如,在第一章的M25模型中,我们安装了一些我们自己的未散列的车牌自动识别系统摄像头,使我们能够从现有的M25高速公路网络中的一组更大的散列和据说是匿名的车牌自动识别系统数据中获取大量的大数据。我们以前认为,这种类型的数据可能允许对大数据进行新的因果推断。

- 政府和私营运输专业人员使用聚合公司或"工匠艺术小数据"是否具有道德、伦理、法律和/或专业?应该是这样吗?做买卖双方有什么区别吗?

11.2.3 预测分析

去匿名化的一个结果是能够对个人的行为而非总体做出概率推断和预测,这有时被称为"预测分析"。我们可以训练关于个人历史行为的生成或鉴别模型,如通勤模式,并用它们预测未来。与人口统计学先验模型一样,这可以被看作是一种预测。在某些情况下,效用理论可能告诉我们,基于这些预测对信息收集进行干预是最优的。例如,模型可能预测地铁乘客即将采取恐怖行动,建议采取最佳行动阻止和搜索他们。虽然从预防恐怖主义的角度来看,这可能是最佳做法,但它也会对公民自由产生影响,具体来说,如果类似该类型的人比其他人受到更普遍地被阻止,就有可能加剧群众紧张情绪。这本书和电影《少数派报告》都是基于这一前提,在这个世界上,人们可以在犯罪之前被准确地逮捕。在其他情况下,我们可能会基于某人在一个城市周围的运动变化预测或推断某人正在或即将怀孕(这已经在一些在田野周围移动农场动物身上完成了),而将这些信息出售给聚合公司可能会导致该人或他们的家人在他们不这样做之前发现怀孕的情况。2013年,微软数据科学家(Kosinski等人,2013)报告说,他们能够从由个人(同意试验志愿者)发表的明显无害和不相关的社交媒体帖子中推断出"性取向、种族、宗教和政治观点、人格特征、智力、快乐、成瘾物质的使用、父母分离、年龄和性别"。在2016年,微软以260亿美元的价格收购了整个社交网络数据库 LinkedIn⊖。

11.2.4 社会和个人的平衡

交通数据、地图和全球定位系统一起用于在城市中为个体驾驶员规划路线。经典的交通模型研究了交通(Wardrop)平衡,通常是基于这样的假设,即每个人都是一个以自我为中心的行为主体,试图在充分了解网络其余部分流量的情况下,寻求缩短旅行时间的最短路径。实时交通数据提供了改变这些假设的可能性。运行这种实时服务的数据公司不仅向用户提供数据,而且不断地从用户那里收集数据。如果所有的驾驶员都使用这样的系统,那么

⊖ 关于不能以这种方式挖掘的社会网络的例子,请参阅 www.joindisapora.com。Diaspora 是开放源代码,运行在由可信志愿者运行的独立服务器组成的分布式网络上,因此没有人能够访问或出售其所有数据。对于搜索引擎(声称它)不跟踪或出售您的搜索查询,请参阅 www.duckduckgo.com。

Wardrop 对充足的交通信息的获取将比驾驶员只依赖视觉和收音机所播报的交通信息，更能对路网状况做出准确推断。然而，大多数实时导航的用户不会做出自己的路线决策，而是将其留给服务提供商。通过将您的路线外包给外部公司，假设公司的核心是您自己的利益，而不是公司的利益。您知道公司是否真的在为您的行程规划最快路线吗？一个社会慈善路线公司可能会利用其对网络的"上帝的视角"来实现 Wardrop 社会均衡，这将平均行程时间最小化，但代价是一些用户要接受比平均时间更长的行程时间，与最短时间模型相反。在知道其他人都在使用同一个程序的情况下，您是否乐意使用这样的导航程序？如果其他驾驶员有选择切换到其他给他们最短时间路线的系统呢？服务提供者需要驱动程序数据才能了解交通网络，在某些情况下从目前没有的路线收集新数据将符合公司的利益。您是否愿意让您的系统重新规划为更长的路线，使它能够收集沿线时间的数据，而牺牲您自己的出行时间和燃料？一家大型社交网络最近因故意过滤用户朋友的信息以"让他们难过"而被罚款，这是内部心理学和营销试验的一部分。在某些情况下，这可能导致用户产生抑郁症、自杀或其他健康问题，为了改善其模式和提高利润，而除了标准的签约细则外，没有额外的许可。很容易想象将这些想法与运输数据融合在一起，例如，一家公司可能会进行试验，将驾驶员送到各种环境和路线中，以测试他们的反应。如果它的系统决定这样做导致您在重要会议上迟到时，那您会有什么感觉？您有没有看过您和他们的合同的小字部分，以检查他们目前是否可以对您这样做？

11.2.5　货币化

去匿名数据是如何转化为实际现金的？

像 Nigel 和 Nicola 的例子一样，低级别的勒索是一种明显的可能性，尽管目前还不知道它有多普遍。也许，相比其他工作者，数据科学家本身应该对此更加偏执——例如，如果您在运输分析团队工作或申请那里的工作，那么其他工作人员很有可能（从技术上看）能够提取关于您的数据。高调的个人也面临风险。在 2016 年，《卫报》报道说，优步（Uber）的工作人员监视政治家和音乐明星的行踪，这些行踪可能被用来对付他们，或者卖给报纸或他们的敌人以换取利润。

差别定价是 2015 年白宫报告的主题，讨论了个人数据可以用来推断个人净资产、购买力以及对商品和服务的需求的可能性（可能是目前的做法）。这可以用来创造一个"完美的市场"，那里的每个用户，如出租车预订系统，都被收取不同的价格。价格将被设定为能从每个客户那里获取的最大利润，而不是必须使用单一的市场利率。在较小程度上，这种情况通过市场细分已经发生了很长一段时间。例如，有学生卡的出租车客户可以得到一个"折扣"，以更好地平衡该部分的供求。差别定价在经济理论中是众所周知的，但如果出租车公司能够从聚合公司那里购买关于您的工资、工作场所、职称和通勤模式的信息，就可能成为现实。它特别适合运输服务销售，因为客户已经习惯于高度定制的价格，以响应总体需求（激增定价），而且很难将有差别的构成部分与此分开。有些人认为这是一件好事，因为它会从能负担得起的人那里收取更高的费用，并向穷人提供更低的费用，否则他们就不会使用这些资源。其他人认为这是一件坏事，因为这会惩罚那些选择努力工作赚钱的人，并奖励那些不努力赚钱的人。尽管用的完全是自由市场的手段，却创造出一种社会主义般的再分配，这是一个有趣的属性吗？

信息不对称。根据金融传说[一]，Nathan Rothschild 在 1815 年通过信鸽将滑铁卢战役结果的消息传递给他的交易台，并在他的竞争对手在报纸上读到这件事之前购买战后的股票，从而获得了巨大的利润。在现代金融中，"高频交易员"也使用了同样的想法，他们试图在其他人之前购买、交流和分析数据。古典经济学是基于每个人对他们有机会进入的市场的假设，并且可以立即从同一时间的相同数据中计算出最优行为，这是不正确的。交易员现在可以使用运输数据，如车辆计数或车牌自动识别系统检测，以推断谁是在商店购物，然后向公众公布他们的官方账户。这使他们能够提前预测这些账户，并通过提前购买，然后以更高的价格出售给您养老基金，将资金从您的养老基金转移到他们的奖金上。他们认为这是一件好事，因为它服务于社会，使市场价格在任何时候都更准确，而不仅仅是在报告发表的日子。社会付钱给他们，让他们把他们努力收集的新信息融合到市场价格中，让别人看到。信息不对称是二手车交易中的一个重要因素，在那里，前车主对特定车辆的状态（无论是好的"桃子"还是损坏的"柠檬"）和它的价值比买方了解得更多。这种信息的丢失就是为什么新车在被开出前场时损失了大约 20% 的价值的原因。来自远程信息技术和路边传感器的新的批量数据可能有助于在未来重新平衡这一点，并使二手车市场更加高效。

保险。汽车保险业在 2014 年收取了 6710 亿美元的保费（Finaccord 报告，2015），并通过预测谁可能提出索赔来赚钱。传统上，它的预测是基于简单的人口信息和历史索赔数据。但如果它们是基于从聚合公司购买的大量个人数据，它们可能会变得更加准确。欧盟的保险公司被法律禁止在某些属性如性别上歧视他人。但如果批量使用数据，就像在微软的研究中那样，可以间接推断出这些属性，那么如何执行这一规定就不清楚了。人寿保险行业也会对您的个人生活感兴趣，这可以预测早期死亡的风险，包括去快餐店、看医生、去药店和不同类型的夜总会的公共交通日志。预测分析的伦理学在这里很重要，就像在警务方面，一家保险公司可能会推断，您有酒后驾车的危险，因为由远程信息处理得到您星期六晚上去了市中心，即使您当时实际上是一名医疗轮班工人。

- 上述哪一项是道德、伦理、法律和/或专业的？

11.2.6 本体偏差

本体设计和 ETL 处理不是价值中立的，做这些设计和处理的人将执行一种特定的方法，将世界概念化到分析师使用他们的数据库。例如，英国的运输数据库管理员可能对其车牌自动识别系统摄像头拍摄的驾驶员的性别或宗教不感兴趣，当它们减少从像素到车牌字符的检测时，将丢弃此信息。

数据管理人员的个人属性可能会有意识或潜意识地影响他们的选择，包括男性和女性、移民和非移民、宗教和非宗教人士、极客和非极客，都认为不同的特征是突出的。

如果一个组织的数据管理人员是从一群非多样化的人员中选出来的，那么这可能会造成问题，特别是如果它与将进行分析的人员不同的话。

与本体偏差相关的是对形式数据过于强烈的信任问题。特别是在传统的数据库设计中，有着其正式的管理流程和地位高的数据管理者，数据分析师可能倾向于相信数据库中的任何

[一] 虽然不一定是现实，见 B. Cathcart, *The News from Waterloo: The Race to Tell Britain of Wellington's Victory*, Faber&Faber 2015。

东西都是世界上完全真实和一致的模型。他们忘记了本体论的选择、数据收集的方法和对属性意义的解释都是非常人性化的结构。例如，数据库表中的"汽车数量"之类的属性可能指一分钟、一天或一个月内计数的总数；或一天内看到或由制造商生产的汽车种类的数量，或是包括货车和摩托车作为"汽车"的其中任何一种，或不包括小型货车或 SUV。您可能已经处理过其他人的数据，并且很快就遇到了这样的问题。您可以要求数据提供者用英语定义术语，但英语也是一种人性化结构，它可能与 SQL 一样模糊，甚至更模糊。例如，2017 年 3 月，一家美国公司因为他们对什么工作被算作加班的定义而面临价值数百万美元的诉讼，由于"打包装"后可能缺了一个逗号：

"罐装、加工、保存、冷冻、干燥、销售、储存、包装运输或分销：（一）农产品；（二）肉类和鱼类产品；（三）易腐烂的食品。"

如果数据科学从正式的 Codd 模型转向存储原始的、未处理数据的"数据湖"模型，让分析师在运行中自己做 ETL，那么这些问题就有可能减少。然而，这为分析人员创造了更多的工作，往往是重复的工作，Codd 模型最初是为了减少这些工作。

11.2.7　p 值操纵

如果数据科学家提出一个具有自由参数 θ 的模型 M_1，那么它将比没有自由参数的模型 M_0 更有可能拟合数据。这是因为参数可以调整到许多值中的一个，以获得许多可能的拟合中的最佳值，而 M_0 只有一次机会。类似地，一个具有 n 个参数的模型 M_n 有更好的机会。有效地是，M_1 和 M_n 表示模型的整个集合，具有不同的参数实例化。贝叶斯理论包括一个自动且自然的"奥卡姆剃刀"惩罚（称为奥卡姆因子或贝叶斯因子），就像我们扩展模型后验来包括参数一样

$$P(M\mid D) = \frac{P(D\mid M)P(M)}{P(D)} = \frac{\int d\theta P(D\mid M,\theta)P(\theta\mid M)P(M)}{P(D)}$$

当可能的参数空间变大时，取任何特定值 $P(\theta\mid M)$ 的先验值会变低，这与 $P(D\mid M,\theta)$ 较好的拟合进行了互换。

这是很好的科学。但由于外部管理因素——尤其是在学术研究中发表重要发现的压力，或者商业分析师的奖金或威望与重大发现挂钩的压力——数据科学家往往有强烈的动机通过一种称为"p 值操纵"的过程来"博弈"这些概率。在 p 值操纵中，数据科学家假装他们最初提出了一个单一的非参数模型 $M_{\theta=\hat{\theta}}$，其中简单地假定来自 M_θ 的 θ 的最优值并将其建立在模型中，而不是作为一个自由参数出现，即他们假设

$$P(\theta\mid M) = \delta(\theta = \hat{\theta})$$

这使得他们能够报告一个规模更大的 $P(M\mid D)$，并声称他们的模型比其他候选人更好。$\hat{\theta}$ 的选择可以通过不同程度非可信过程进行。最明目张胆的是，数据科学家可以简单地在数据上训练他们的参数模型 M_θ，然后提出一个新的模型 $M_{\theta=\hat{\theta}}$ 之后，编造一些故事来解释为什么他们假设 $\hat{\theta}$ 而非他们所训练的参数模型。这是一个轻而易举的欺诈行为。更巧妙的是，数据科学家可能会在一年内尝试数百或数千种不同的非参数模型，选择在数据上表现最好的模型，然后在不提及其他尝试替代模型数量的情况下报告它。更微妙的是"文件抽屉效应"，即由数百或数千名数据科学家组成的团体各自提出一个这样的模型；其中大多数都很糟糕，

但有一个幸运地被提交到杂志上并发表了,而其余的则没有被提交,而是保存在数据科学家的"底部抽屉"中。这可以用于解释为什么所有发表的心理学结果中有一半显然是不可复制的,甚至可能是错误的[1]。

  数据科学之所以成为一个令人不快的职业,一个原因是我们永远不能完全确定我们的软件和发现是正确的。您得出的明显结果总是可能由于代码中的错误或数据中的毛病而发生的,而不是它所暗示的令人兴奋的新见解。几十年来,计算机程序的正式验证已成为计算机科学领域的一个活跃的研究领域,但仍未达到能够保证数据科学分析程序真正起作用的状态。普通的软件估计每 100 行大约有一个错误。例如,您发现驾驶安全与使用手机相关可能仅仅是由于一个错误,它将一些其他变量错误地标记为"使用手机"(找到这些错误的最好方法是与业务领域专家密切合作,让他们探索发现,提出新的问题,并作出断言,该断言可以对照相同的数据和结果检查出不一致之处。随着更多的检查结果趋于一致,系统的可信度提高。尽管这是一个耗费财力且永远无法达到完全确定的过程)。有时,当一个错误可能导致一个有趣的(可发布的和/或职业提升的)结果时,对程序的任何微小的异常"视而不见"是非常吸引人的。相反,如果分析师不喜欢显而易见的结果,则有更多的动机去寻找更详细的错误,并继续修复它们,直到找到一个更讨人喜欢的结果。实际上,程序在不同调试状态下的版本集合可以作为另一种 p 值操纵形式的一组模型。

  p 值操纵与科学哲学中的模型选择有关。在《科学革命的结构》中,哲学家 Kuhn 描述了科学中模型失效和替换的过程。最初,模型可能非常适合已知的数据。随着时间的推移,发现新的数据不太适合。此时,一些科学家将希望修改模型,如添加新参数或更改旧参数,以更好地拟合新数据。其他科学家将提出新的模型,用更少的参数来更好地拟合数据。当团体决定用模型解释哪些数据更重要时,政治就会发生。提出新参数的科学家在数据科学术语中被新模型的支持者指责为 p 值操纵[2]。

  p 值操纵的范围从赤裸裸的欺诈到微妙的社会动机。在理想的情况下,尽管使用独立方监管的独立测试数据集不提供给提议的数据科学家,且仅在提议者声称的模型被公开声明之后咨询一次,但这是最好的控制。这种理想的设置在数据科学竞赛中是可能的,如由 Kaggle 公司管理的竞赛,Kaggle 公司以这种方式充当可信的托管人。实现这一目标的另一种方法是让数据科学家发表其他数据科学家先前声称和发表的模型的验证研究。但在其他情况下,可能无法阻止公共数据或收集新数据,数据科学家需要一些诚信和职业道德的品质。未来的"特许数据科学家"可能会达到这样的标准,并教育公众对非特许作者可能的 p 值操纵保持警惕。

11.2.8 代码质量

  数据科学代码通常以一种与常规软件工程非常不同的风格编写。在软件工程中,代码不仅要正确,而且要使其对未来可能的更改和扩展具有鲁棒性。例如,它可能不使用 Car 类,

---

[1] Open Science Collaboration, *Estimating the reproducibility of psychological science*, Science, 2015. DOI: 10.1126/science.aac4716.

[2] 这是弦论目前的情况,它被其批评者指责从 10500 个参数的空间有效地进行 p-hacking,如 L. Smolin (2007), *The Trouble with Physics*, Mariner Books。

而是在 Vehicle 类中构建，并使 Car 成为一个特例（子类），以便将来可以添加其他类型的车辆。它还可以构建各种类型的错误自查和恢复机制，以允许代码运行或恢复当前任务输入中没有发生的可能的未来输入。它注重使用可读性的注释和变量名，并以可读的方式编写代码。所有这些未来适用的类型都需要更多的人力时间和精力来制作，而不是只编写一个，针对当前可用数据和指定任务的单一用途脚本。因此，数据科学家面临着一个关于使用哪种风格的专业决定。单用脚本将降低工作的即时成本（特别是在"您能在今天下午之前给我那些数字吗？"的情况下）；但是，如果在几天或几年后重新要求为项目增加一些新变量，那么软件工程系统将更快和以更节约成本的方式满足新的需求。许多程序员认为，不管对未来适用性的需求如何，建立良好的软件工程风格也是一件关乎个人或职业自豪感的事情。如果管理者要求快速计算一下午可以做的事情，而他们却得到一个重量级的设计系统，需要花费几个星期，按日计算来交付，那他们会感到恼火。然而，当第二年系统不能快速、轻松地计算出一个新的、变体的结果时，这些管理者将再次感到恼火。数据科学家需要针对不同情况判断采取不同方法，未来的章程可能会在这里帮助到他们。大概特许数据科学家会被认为总是构建速度更慢但质量更高的代码，而不是一次性使用的脚本，以提高整个行业的质量，尽管其代价是交付小型、快速的结果，然后将其委托给"业务分析师"或其他更便宜的"准数据科学"工作人员⊖。

11.2.9 代理冲突

政府信息技术系统是许多运输数据科学应用的基础，它们的创建成本高昂且容易出错的。政府信息技术系统的崩溃会导致严重的政治困窘。启动信息技术系统通常会雇用"专业人员"，也就是说，雇佣者是一名很少或没有技术技能的经理，最终依赖于对技术员工的信任。通常，"专业人员"是指一个或多个大型承包或咨询公司。政府信息技术系统的历史上充斥着这些公司互相指责失败的故事（Goldfinch，2007），通过层层分包商和更换领导人的顺序来争论谁该对此负责。编写详细描述这些责任的"规范"文档为所有相关人员创建了更多的工作，并且本身容易出错——如果有人真的非常详细地理解了规范，他们可以直接将其写成可执行代码，而不是英文。在某些情况下，"专业化"的水平似乎并不高于国内竞争激烈的商人，他们指责对方的"滥竽充数"来证明自己的巨额费用是合理的，特别是当与上述"研究代码"质量问题相结合时。这与法律和医学等其他更成熟的职业相比有着明显不同的态度，在这些职业中，即使是直接竞争的公司成员也很少互相批评对方的工作。

11.2.10 服务器管辖权

数据分析越来越多地转向真正的大数据系统——运行在大型分布式计算集群上——通常由一家专业的外部公司作为"基础设施作为服务（IaaS）"（或"云计算"）提供。通常，这家公司将在不同的国家做分析工作。此外，承载数据的实体机器可能在一个或多个国家之中。分析人员可能是在家工作，也可能是在另一个国家的一家酒店工作，正在分析的数据可

⊖ 关于这个困境，有一个著名的网络寓言叫作"计算机科学家和早餐食品炊具"，目前反映在 http：//philip.greenspun.com/humor/eecs-difference-explained 和许多其他网站上。

能来自其他几个国家。特别的是，在大分析中，计算本身的不同部分可以在不同的国家进行和融合。例如，保险公司可能希望将其所有针对性别的算法移出欧盟，但让它们向欧盟报告一些替代变量，这些变量实际上包含相同的信息。在这种情况下，可能不清楚谁负责或应该负责数据存储和使用的哪些方面。不同的国家可能都有不同的道德、伦理和法律制度——分析师应该在哪些制度下运作？

11.2.11 安全服务

安全部门可能对运输数据特别感兴趣，例如，许多恐怖事件以公共交通为目标，来自公共和私人交通的数据可能有助于跟踪嫌疑犯的动作。安全服务通常是根据具体法律运作的，这些法律允许他们访问其他限制的数据，以换取对数据的保护，并保证数据不会用于其他目的（如强制执行诸如超速之类的轻微罪行）。一些人（如 Edward Snowden）认为安全部门在处理个人数据时没有道德、无能或非法。另一些人则指出，尽管近年来这些系统被大量公开泄露，但没有证据表明——至少对于英国的服务来说是如此——他们在提供公民支付给他们钱以确保安全时有不合乎道德、不称职或非法的行为，因此，泄密实际上加强了他们的道德和技术声誉。

11.3 英国法律框架

免责声明：本节简要概述了英国的相关法律概念，并不构成法律建议。当您面临真正的问题时，您应该接受法律咨询。如果您对法律不确定，那么在开始任何研究之前，您应该首先咨询您组织的数据管理员。

11.3.1 1988 年《数据保护法》

根据英国 1988 年的《数据保护法》，在英国，每个负责使用个人数据的人都必须遵守称为"数据保护原则"的严格规则。他们必须确保信息：

- 公平和合法地用于有限的、具体说明的目的。
- 以适当、相关和不过度的方式使用。
- 准确无误的。
- 保存不超过绝对必要的时间。
- 根据人民的数据保护权利处理。
- 保持安全和保密。
- 在没有充分保护的情况下不转移到欧洲经济区以外。

只有在当事人同意的情况下，才能处理个人数据。"个人数据"是指与可识别的有生命的个人有关的数据：①来自那些数据；②来自那些数据和其他信息中，这些数据和信息是由数据控制器拥有的，或者很可能是由数据控制器拥有的。

数据管理员是负责数据集的指定人员。这个角色通常由一个组织集中指派一个人对整个组织所做的所有数据工作承担法律责任。

然而，该法没有界定"同意"。它通常被认为是书面许可，尽管有人建议在公共场所放置标志，如"在这个空间，您同意被记录"。这对运输数据特别重要。网站通常会在大量的法律文本中标记出需要判断的位置，大多数人从来没有读过这些内容[一]。仅需要单击"我同意"即可。

该法赋予个人数据主体以下权利：
- 如果有关他们的数据正在处理将被告知。
- 了解处理的目的和用户。
- 找出关于他们的数据，并收到一份副本[二]。

该法不适用于非个人数据，不过有以下例外：
- "研究目的"包括所有条件下的统计或历史目的：

1）不处理数据以支持针对特定个人的措施或决定。
2）数据的处理方式不会对任何数据主体造成或可能造成重大损害或重大困扰。
3）研究结果或任何由此产生的统计数据都不能以识别数据主体或其中任何一个的形式提供。

- 犯罪监测和预防。例如，闭路电视数据仅用于此目的。
- 新闻、文学和艺术目的——包括为这些目的使用摄影，但不是为了一般用途。
- 其他情况，包括安全、法律、税收和健康用途[三]。

用于公共场所非豁免用途的闭路电视应根据信息专员办公室的通知使用，包括其使用预期目的和使用期限。例如，您不能重复使用闭路电视数据用于汇总交通统计"研究目的"，以跟踪哪些工作人员在下班后访问了政党场所。隐藏摄像头和可见摄像头没有区别。私人土地所有者可以对在其财产内采集的数据，包括图像，施加任何附加条件。人权法规定了"隐私预期"，从外部收集关于私人场所的数据可能会违反这一预期[四]。

对种族背景、政治见解、宗教信仰、健康、性健康和犯罪记录等"敏感个人数据"，有更强有力的法律保护。

鉴于先前对大数据聚合的讨论，上述第②点的定义存在很大问题，是最近法律研究和辩论的主题。1) 的概念也是有问题的，因为运输模型转向了人均预测分析。

11.3.2 通用数据保护法规（GPDR）

在编写本报告时，包括英国在内的成员国已经通过了欧盟新的通用数据保护法规［Regulation（EU）2016/679］，并于 2018 年生效，旨在解决上述一些与英国和其他成员国的法律上的问题。与欧盟指令不同的是，法规在生效后立即对所有成员国具有约束力。

它适用于在欧盟收集或处理的个人数据，以及在世界有欧盟公民的任何地方的个人数

[一] 通过将 iTunes 程序的同意条款和条件转化为一本 108 页的漫画书，引起了人们的注意。该书收录于 R. Sikoryak, *Terms and Conditions*, *Drawn and Quarterly*, 2017。2014 年，几名伦敦通勤者通过单击"我同意"，将其第一个孩子的所有权转移到"免费"无线热点提供商，metro.co.uk/2014/09/30/people-would-offer-up-fifirst-born-child-for-free-wififi-stunt-reveals-4887827.

[二] 除了一些法律、安全和税收数据。

[三] 可能还有其他法律也可以推翻数据保护。例如，根据人权法，残疾人有某些权利使他们能够工作和交流，这可能要求他们的可信代理人获取有关他们的数据。

[四] 关于 CCTV 遵守《数据保护法》的详细建议，见英国内政部 2013 年《监视摄像机业务守则》和 2012 年《保护自由法》。

据。它将"个人数据"定义为"与个人有关的任何信息，无论其涉及个人的隐私、专业或公共生活。它可以是任何东西，包括一个名字、一个家庭地址、一张照片、一个电子邮件地址、银行细节、在社交网站上的帖子、医疗信息或计算机的 IP 地址"。法规还具有一些执法用途的豁免。

与《数据保护法》相比，主体对收集和处理有关数据的同意的定义更为严格，需要积极的"选择加入"同意行为，而不是被动地接受通知。

它提供了一种"被遗忘的权利"，允许数据主体强制将其完全删除，以及"数据可移植性"的权利，这意味着主体可以要求以开放的格式提供他们的数据，这些数据可以转移到他们自己的系统或竞争对手的系统。向数据主体提供新的权利，以便对推理和鉴别的模型等自动系统做出的可采取行动的决定给予解释和质疑。目前仍在争论"黑匣子"鉴别方法在实践中的含义，这可能会在不久的将来导致有趣的测试案例。

数据保护官员（类似于英国 DPA 定义中的数据控制员）有新的责任来设计数据系统，在默认情况下保护数据，并在发生数据泄露时通知受试者。大力鼓励使用假名和加密个人数据。不遵守 GDPR 的罚款可高达 2000 万欧元。

11.4 数据科学家的角色

有人说"数据科学家"是"21 世纪最性感的职业"，但究竟谁是数据科学家？

我们在本书的开头看了一份相关的角色列表，并且避免将"数据科学"定义为一组模糊的技能和兴趣，包括统计、机器学习、数据库设计、数据库管理（DBA）、并行计算机科学、分布式大数据系统、数据可视化和业务咨询。

历史上，这些角色是由不同的专家执行的。经理 Mike 让分析师 Anna 报告在哪里建造新的交通灯；Anna 把这变成了统计问题和 SQL 查询，并与数据库管理员 Dave 合作，Dave 构建了本体，并将数据提供给她。数据库的 Codd 模型已经实现了这一点，在"现代主义"文化中，数据库应该非常干净、有逻辑、一致，并且只有经过培训和具备 DBA 专业技能的人员才能编辑。当分析师希望以不同于 DBA 的方式构思数据时，这可能会导致一些问题。

大数据运动强调了一种"后现代"的、自己动手的数据方法，分析师直接获取大量未经处理的原始文件，在运行过程中对其结构进行自己的解释和分析。这就要求分析人员更多地了解潜在的计算机科学和数据库的软件系统，以及他们更传统的角色，编写 SQL 查询和对结果进行统计。

做"统计"的概念也被做贝叶斯"推断"所取代。强大的计算机和贝叶斯库（如 PyMC3）允许相对非专业的分析师测试更广泛的模型和问题，他们可以很容易地设计图形贝叶斯网络模型，并要求计算机给出他们感兴趣的任何东西的概率，而不是开发新的专家统计理论以及对它们的估计。特别是，这使来自更多技术背景的数据专业人员（如数据库管理者）能更多地参与分析。

最近的一个研究领域是"New SQL"，它寻求一个"重构"的设置，在分析师看来就像 Codd 模型，但在高级选项下，能将其自动转换为真正的大数据并行、分布式系统。尽管计算机科学非常困难，但 Hive QL 正在朝着这个目标努力。如果研究成功，那么我们可能会看到回到更明确定义的专家角色，比方说统计学家回到统计学家，数据库管理员回到数据库管理员。也许有一天，数据库和推理系统会变得足够简单，管理者也会变得足够聪明，使管理人员提出和接收数据问题的答案，而不需要技术中介。

11.5 练习

县议会蓝牙数据分析所涉及的道德、伦理、法律和专业问题是什么？如何解决这些问题？

11.6 延伸阅读

- Goldfinch S (2007) Pessimism, computer failure, and information systems development in the public sector. Public Adm Rev 67.5：917－929.
- d. boyd [sic], Crawford K Six provocations for big data.
- USA Presidential Office report (2015) Big data, differential pricing, and advertising. https：//obamawhitehouse. archives. gov/sites/default/files/whitehouse ＿ files/docs/Big_Data_Report_Nonembargo_v2. pdf.
- Shapiro C, Varian HR (1998) Information rules：a strategic guide to the network economy. (Amodern classic on the economics of information and competitive data strategies).
- Kosinski M, Stillwell D, Graepel T (2013) Private traits and attributes are predictable from digitalrecords of human behavior. Proc Natl Acad Sci 110.15：5802－5805.
- Uber employees "spied on ex－partners, politicians and Beyoncé". The Guardian, 13 Dec 2016.